多维视角下的农民工贫困测度及精准扶贫策略研究：以建筑业为例

孙咏梅　著

中国财经出版传媒集团

经济科学出版社
Economic Science Press

图书在版编目（CIP）数据

多维视角下的农民工贫困测度及精准扶贫策略研究：
以建筑业为例/孙咏梅著. —北京：经济科学出版社，
2017.6

ISBN 978 - 7 - 5141 - 8135 - 7

Ⅰ.①多…　Ⅱ.①孙…　Ⅲ.①民工 - 贫困 - 研究 -
中国②建筑业 - 产业发展 - 研究 - 中国　Ⅳ.①D669.2
②F426.9

中国版本图书馆 CIP 数据核字（2017）第 122308 号

责任编辑：于海汛　王新宇
责任校对：隗立娜
责任印制：李　鹏

多维视角下的农民工贫困测度及精准扶贫
策略研究：以建筑业为例
孙咏梅　著
经济科学出版社出版、发行　新华书店经销
社址：北京市海淀区阜成路甲 28 号　邮编：100142
总编部电话：010 - 88191217　发行部电话：010 - 88191522
网址：www. esp. com. cn
电子邮件：esp@ esp. com. cn
天猫网店：经济科学出版社旗舰店
网址：http://jjkxcbs. tmall. com
北京财经印刷厂印装
710×1000　16 开　13.5 印张　230000 字
2017 年 12 月第 1 版　2017 年 12 月第 1 次印刷
ISBN 978 - 7 - 5141 - 8135 - 7　定价：40.00 元
（图书出现印装问题，本社负责调换。电话：010 - 88191510）
（版权所有　侵权必究　打击盗版　举报热线：010 - 88191661
QQ：2242791300　营销中心电话：010 - 88191537
电子邮箱：dbts@ esp. com. cn）

前　言

　　消除贫困是人类社会的共同使命，也是各国人民追求幸福生活的基本权利。第二次世界大战结束以来，消除贫困就成为了广大发展中国家面临的重大任务。中国一直致力于消减贫困的工作，尤其是几十年来，广大农村扶贫效果非常显著。自1978年以来，我国农村贫困人口的数量从77039万人下降到2014年的7017万人，贫困人口总共减少了7亿多人，以至于世界扶贫减贫的成就，大部分来自中国，中国成为全球首个实现联合国千年发展目标——贫困人口减半的国家。尽管我国减贫成就斐然，但我们必须认识到，要想实现2020年全面建成小康社会的目标，我国扶贫任务仍然艰巨：按照中国现有的贫困标准，中国还有7000万的贫困人口，大部分集中在农村。虽然总体上中国的贫困问题得到了改善，贫困人口大大减少，但是中国仍然是世界上最大的发展中国家，贫困问题依然存在且日趋复杂。

　　2015年1月，习近平总书记提出了"精准扶贫"的概念，为已进入"啃硬骨头、攻坚拔寨"的冲刺期的扶贫减贫工作提出了新的要求。与此同时，改革开放以来随着我国城镇化进程的加快，大量农村转移人口进城，成了城镇化建设的主力军，为中国经济增长做出了巨大的贡献。

　　然而，作为城乡二元结构下的特殊产物，农民工成为了城市的"边缘"群体，生存环境恶劣、物质水平低下、精神匮乏和社会认同感低等问题使其难以享受改革和发展的果实，其中，最值得关注的当属农民工的贫困问题。目前，我国农民工总数已达2.74亿人，如此庞大的农民工贫困群体是十八大提出的"缩小贫富差距、全面建成小康社会"目标面临的巨大挑战，暴露了我国包容性增长整体水平偏低、发展缓慢、收入分配不公等缺陷。从某种意义上来说，农民工贫困是农村贫困的延伸，并在城市中变得复杂化和多样化，他们将原住地的贫困带到打工地的同时，也把城乡之间的结构性矛盾以更为隐蔽的方式转移到了城市中，在这一过程中因为生存与发展环境的变化，产生了除物质贫困以外的多重贫困（如权利贫困、精神贫困、福利贫困、能力贫困等）。

与我国早期的大规模开发式扶贫以改善农业地区农业生产条件、促进农业发展为农民创收来减贫的单一思路相区别，新的贫困特征提出了从多维角度思考的研究路径和"精准扶贫"的诉求。当今，在共同富裕目标前提下，如何正视农民工贫困发生率？如何识别和测量农民工中的贫困人口和贫困程度？如何梳理、识别导致贫困的多维因素？只有科学地构建贫困的多维度测量指标体系，考察多维贫困对农民工权利、福利等剥夺的程度，才能揭示二元城乡管理体制和流动不均衡性等因素对农民工贫困的实际影响，才能使我们在经济增长方式上做出适当调整，从根本上缩减贫富差距，让每个农民工都能分享改革及发展的成果。围绕农民工多维贫困问题的一系列追问与思索，在今天城镇化大背景下，显得尤为突出和重要。

本课题组自 2009 年以来，面向全国的建筑业进行了大量的有关贫困的问卷调查，运用多维视角对农民工贫困进行科学的测度，并提出精准扶贫相关策略。在整个研究过程中，课题组成员精诚合作，克服种种困难，取得了宝贵的第一手研究资料，并在此基础上进行了深入研究。其中，田超伟负责贫困理论及农民工贫困的主要影响因素研究，李志负责农民工多维贫困测度方法研究，周成洋负责物质贫困的研究，刘露露负责精神贫困及国外利贫式经济增长研究，秦蒙负责权利贫困研究，解舒涵负责福利贫困研究，陈亚负责能力贫困和包容性增长研究，王一笑负责减贫策略研究，白一然负责国内外相关文献的综述工作，课题组的调查研究由田超伟统筹负责，最后由孙咏梅撰写完成总报告。

今天，我们将研究成果正式出版，旨在向人们解释在当今中国贫富两极分化日益严重的情况下，我国"贫"的一极的真实状态以及形成这种状态的影响因素，以期为我国精准扶贫政策提出理论借鉴。在面向建筑业进行的农民工相关问题的调研过程中，衷心感谢课题组成员的辛勤付出，衷心感谢数年来一批又一批建筑业工人师傅们的大力配合与支持。衷心感谢中国人民大学中国经济改革与发展研究院以及高德步院长为本书的出版提供的良好的研究条件。衷心感谢经济科学出版社社长吕萍女士长期以来的关爱与支持。在此谨表示诚挚的谢意！

孙咏梅
2017 年 2 月于北京

目　　录

第一篇
贫困理论与多维贫困
测度方法探索

第一章

研究的缘起：多维贫困理论的
建立及贫困测度方法的演进

国外学术界对多维贫困问题的研究曾出现过两次大的高峰：（1）从20世纪70~80年代中期，学术界围绕贫困概念展开研究，涌现了一系列非常有价值的学术思想；（2）从20世纪80年代中期~20世纪末，学术界开始对各种贫困概念进行整合和应用，并就理论应用过程中的各种减贫政策展开激烈争论（Kanbur，2002）。尽管学者们在贫困实质及减贫政策上的观点不尽相同，但对贫困的认识不断深化，且认识的方向基本一致：从将贫困看成一种静止状态到视为一个动态过程；从一种客观状态到某些主观感受；从一维视野扩展到多维视野。至今，国外多维贫困问题的研究文献纷繁庞杂，大致可分为两个脉络：一是多维贫困理论的发展和多维贫困测量方法的确立，如在阿马蒂亚·森提出的多维贫困理论之后，阿尔凯尔和福斯特（Alkire and Foster，2008）明确提出了多维贫困的 AF 测量方法；二是多维贫困的测量指标的确立和完善，如多维度贫困指数（MPI）等的确定。

第一节　多维贫困理论的建立及其演进过程

阿马蒂亚·森（Sen，1999）以可行能力缺失导致贫困为研究的起点，最先提出了多维贫困理论，为贫困研究与测度由一维走向多维奠定了理论基础。受森的多维贫困研究理论的启发，一大批学者开始探索更先进的、并不单纯关注收入或是消费的一维贫困指标分析方法，为多维贫困研究探寻具有可操作性的测度工具。在各种新的研究方法中，Alkire - Foster 方法以其在多维贫困的量化分析上取得的进步而逐渐为人所知。通过联合国开发计划署对其在计算多维贫困指数上的应用，这一方法在计量分析上逐渐走向成熟，其可行性也逐步得到验证。在这样的发展下，AF 方法已经成为多维贫困测量和研究的重要工具。

一、多维贫困理论的提出和多维贫困测量方法的确立

（一）贫困识别的发展与多维贫困理论的建立

1. 贫困识别的研究发展过程

（1）早期贫困理论对贫困的识别：一维标准。从经济学的角度来说，贫困是由于收入不足而难以达到为社会所接受的最低生活标准的状态。人类对贫困的认识经历了由绝对贫困到相对贫困的过程，但早期的贫困识别主要基于收入标准，依据一个人维持生计所需的最低收入或消费水平即贫困线（阈值）作为衡量贫困的标准（Seebohm Rowntree，1901；Mollie Orshansky，1963），其隐含的假设是：凡是贫困线以上的个体都能够通过市场购买而达到最低功能性的福利水平。在一维概念框架下，贫困仅指经济上的贫困，收入或消费支出低于贫困线的个体即被识别为贫困，所有贫困人口占贫困总人口的比例即为贫困发生率。在实践当中，各国通常的做法是根据收入比例（如总收入的中位数）、食物、消费等制定国家或地区的贫困线，如世界银行曾根据33 个发展中国家贫困状况的研究结果，规定1 天1 美元作为极端贫困（extreme poverty）标准和 1 天 2 美元作为贫困（poverty）的标准；美国人口调查局（The Census Bureau）和健康与人类服务部（The Departmentof Health and Human Services）依据收入并结合人口学特征划定官方贫困线用于识别和管理贫困人口。

（2）后续理论研究对贫困的识别：由一维向多维演进。然而，面对市场经济的发展浪潮，从单一的收入角度对贫困进行识别和研究已与现实中复杂的贫困现象相龃龉。越来越多的研究表明，收入只能反映人类发展和贫困的一个方面，而不能充分反映收入之外其他维度的贫困（Fisher，1992）。自 20 世纪80 ~ 90 年代，西方学者开始致力于多维贫困研究，对传统一维视角进行拓展。阿特金森（Atkinson）和博圭浓（Bourguignon）研究了经济不公平多维度比较（1983）；阿马蒂亚·森在《商品与能力》中系统阐述了能力方法理论，拓展了传统福利经济学没有考虑到的 5 个方面（真实自由、能力差异、幸福原因的多样性、物质与非物质因素的平

衡、机会分布）（1985）；Esfandiar Maasoumi 讨论了不公平的多维度测量和分解（1986）；Hagenaars 从收入与闲暇两个维度构建了第一个多维贫困指数（1987）；努斯鲍姆（Nussbaum）在《非美德：一个亚里士多德式的方法》中沿着阿马蒂亚·森提出的能力方法，着手构建人类发展的基本能力清单并提出了 10 项能力（生命、身体健康、身体完整、理智、想象与思考、情感、实践理由、友好关系、其他物种、对自己环境的控制）（1993）；阿马蒂亚·森将贫困识别做了进一步的延伸，即"贫困—福祉被剥夺—基本需要—能力"（Sen，1999），稳固了多维度下对贫困识别的研究进路。

运用广义的多维视角对贫困进行识别和测量主要基于以下考虑：①穷人所受的剥夺是多方面的，而且每个方面都很重要（Sen，1999）；②任何一维的贫困测量与贫困的多维度本身是不匹配的（Martin Ravallion，2005）；③即使收入是多维贫困很好的代理变量，但是仅用收入不足以反映其他方面的剥夺和排斥（Esfandiar Maasoumi，1986）；④人类发展指数是对收入贫困测量的一个重要补充，但仅仅包括收入、健康和教育三个维度，这与 Sen 提出的影响人类发展的基本可行能力相比，还远远不够（Alkire and Roche，2011）；⑤多维贫困测量是对收入贫困测量的重要补充，而不是代替（Thorbecke，2008）；⑥多维贫困测量能够使公共政策找到优先干预的领域（Alkire，2012）。从整个研究趋势来看，贫困识别从一维走向多维，逐渐为学术界认同。

2. 阿马蒂亚·森的多维贫困理论

（1）在能力方法理论基础上提出的多维贫困的概念。1998 年诺贝尔经济学奖获得者阿马蒂亚·森提出了能力方法理论（Sen，1999），把发展看作扩展人们享有实质自由的过程，包括免受困苦——诸如饥饿、营养不良、可避免的疾病、过早死亡之类——的基本可行能力。森为贫困下了新的定义，认为贫困是对人的基本可行能力的剥夺，将贫困拓展为影响主体生活的方方面面，将收入之外的因素如公共政策、社会制度等也纳入影响可行能力被剥夺的研究中，从而影响真实的贫困。森对贫困的定义方法称为能力方法（the capability approach）。在能力方法论基础上，森提出了多维贫困（multidimensional poverty）概念，即穷人遭受的剥夺是多方面的，包括健康较差、缺乏教育、不充足的生活标准、缺乏收入、缺乏赋权、恶劣的工作条件，以及来自暴力的威胁。多维贫困的概念是随着贫困理论的发展而逐渐被提出来的。

（2）多维贫困理论的主要核心内容。阿马蒂亚·森在 20 世纪末创立的多维贫困（multidimensional poverty）理论，认为除了收入低下以外，还有其他因素也会影响可行能力的被剥夺，从而影响到真实的贫困。森的研究注重个体差异，强调贫困是收入与物质缺乏或其他因素造成的个体基本可行能力的被剥夺。森提出的多维贫困理论的核心观点是：人的贫困不仅仅是收入的贫困，还包括多重的其他客观指标的贫困和对福利的主观感受的贫困。

（二）多维贫困的测量方法和指标体系的确立

1. 多维贫困测量方法的确立

（1）多维贫困测量方法的确立。在森提出能力方法之后，面临的最大挑战是如何对多维贫困进行测量。阿尔凯尔和福斯特于 2008 年发表了《计数和多维贫困测量》一文，明确提出了多维贫困的测量方法，这就是至今仍被广泛使用的《人类发展报告》中编制 MPI 使用的 Alkire – Foster 方法，简称 AF 方法，成为具有可操作性的多维贫困测量方法。

（2）多维贫困测量方法对贫困主体的识别。基于 AF 方法，一些研究对于鉴别哪些是穷人，穷人具有什么样的特质，以及如何在不同的加总水平上度量贫困等问题上，建立了一套非常成形的、规范的、现代化的多维分析工具（Thorbecke，2008）。简单来说，AF 方法首先对每个维度的福利进行取值（achievement），针对各个维度分别进行识别，对多维度进行贫困加总得到多维综合指数——这是多维贫困测量区别于一维测量的重要环节，直接关系到能否全面、真实地反映贫困。许多学者针对贫困加总方法进行了探究，其中最广为人知的当属 FGT 方法（Foster – Greer – Thor-becke）。这种方法根据人头来计算贫困发生率，将临界值以下的个体赋值为"0"，以上的赋值为"1"，可操作性强但难以出现在贫困线附近突然跳跃的情况，难以充分反映贫困的具体分布和剥夺程度。为了弥补 FGT 方法的缺憾，阿尔凯尔和福斯特（2007）在 FGT 方法的基础上进行了修正，增加了"平均剥夺份额""平均贫困距""平均贫困深度"3 种多维贫困指数供研究者在实际应用中选择；然后对加总后的维度进行权重设置（等权重或根据研究需要主观设定），以及根据其他分类标准进行分解。

由于贫困是一个长期、动态的过程，而发展中国家的短期贫困比长期贫困更广泛，长时间处于贫困的家庭所占的比例非常小，但在一段时间之内曾经陷入贫困的家庭所占的比例又非常大，在贫困研究中引入多维度量的概念后，这更是一个难题（McKay and Lawson，2003）。识别贫困最简单的方法是"交"方法和"并"方法（Alkire and Foster，2004）。"交"方法认为，贫困者必须满足其所有的维度都处于贫困；"并"方法则认为，只要有一个维度处于贫困的个体即为贫困者。很明显，"交"方法会低估贫困的程度，而"并"方法会极大地高估贫困的程度。AF方法使用的则是"双界线"（dual cut-off）方法，即首先选择每个维度的贫困线，以确定个体在各个维度下的贫困状况，然后选择维度贫困的临界值，将一定数目及以上维度处于贫困状态的个体确定为贫困者，这种方法克服了传统贫困测量对基于不同标准、对贫困线设置的随意性，以及贫困线附近"灰度"对贫困主体的模糊识别，能够更加准确地反映贫困人口福利被剥夺的情况。

（3）测量贫困的最优维度选择。在多维度贫困测量方法和指标逐渐成熟并得到学术界认可后，另一个问题就是通过处理实证数据得到最优的维度个数。莱利（Lelli，2001）、多伊奇（Deutsch，2005）和卢奇（Luzzi，2008）等使用因素分析法确定最优维度，其基本要求是：这些维度既能充分捕捉所有相关信息，又能避免共线性及重复计算等问题。当有许多维度而这些维度之间又有所重叠时，如收入与健康水平，教育水平与收入，这一问题更是突出。从技术上讲，可选用四种方法：因素分析法、聚类分析法、结构方程模式和多指标多因子模式。切廖利和扎尼（Cerioli and Zani，1990），巴雷特和帕特奈克（Barrett and Pattanaik，1989）最早将模糊集应用于讨论贫困、偏好及选择的问题，其后莱利（2001）则讨论了这两种方法用于评价森的能力方法时的异同。另一个可行的方法就是在聚类分析（Cluster Analysis）中做类似的工作。

（4）其他一些测量方法对最优维度选择的补充。除以上测量多维度贫困的最优方法之外，一些学者还提出了新的补充方法，包括：①完全模糊方法（TFA），除TFA方法外，凯利和莱米（Cheli and Lemmi）还使用完全模糊与相对方法（TFR）；②利用生产效率分析中的距离函数进行测度的效率方法，以及统计分析方法（如主成分分析、多元对应分析）等；③莱利（Lelli，2001）、多伊奇（Deutsch，2005）、卢奇（Luzzi，2008）等使用因素分析法确定最优维度。

2. 多维贫困测量指标的确立

国外研究在多维贫困的测度上，是通过设计一个综合指标或指数来涵盖福利的几个主要方面，就这个指标或指数确定一个贫困线作为测度贫困的标准。如联合国开发计划署于 1990 年推荐的人文发展指数（HDI）、美国海外发展委员会于 1975 年提出的生活质量指数和美国宾夕法尼亚大学埃斯特斯（1991）在《世界社会发展报道卡片》中给出的社会进步指数，都是从不同的角度来反映福利的指数，其中 HDI 是由出生时的预期寿命、成人识字率和以购买力平价折算的实际人均国内生产总值三项指标合成的。

（1）贫困的各维度的选择方式。为了确定贫困的相关维度，西方学者的研究都是先确定一些可以接受的标准，从概念上明确所需要考虑的各个维度，然后再通过数据处理来甄别究竟哪些维度是必需的，最优的维度个数是多少。不同的研究者讨论的方式和角度均有差异，主要有以下三种方式：①专家认定方式；②基于权利的方式；③参与式选择方式。

（2）多维贫困指标的确定。阿尔凯尔和福斯特（Alkire and Foster，2008）提出了多维贫困的识别、加总和分解方法。此后，阿尔凯尔（Alkire）、萨宾娜（Sabina）、玛丽亚·艾玛（Maria Emma）三位学者提出了多维贫困发生率（H）和贫困人口福利平均被剥夺的程度（A）两个概念。H 是指处于多维贫困的人口所占的比重，A 是指用各项指标来衡量的贫困人口福利平均被剥夺的程度。多维贫困指数（MPI）是用多维贫困发生率（H）和贫困人口福利平均被剥夺的程度（A）相乘而得到。《2010年人类发展报告》正式公布了由阿尔凯尔团队测算的 104 个发展中国家的多维贫困指数，2011 年将这一指数扩展到 109 个国家，包括教育、健康和生活标准 3 个维度，共 10 个指标。

二、多维度贫困测量体系的演进与发展

（一）多维贫困指标体系的优点

多维贫困指数是对以收入作为测量贫困度的传统方法的一个重要补充。许多学者针对多维贫困指数和计算方法提出了不同的意见，R. J 埃斯特斯构造出社会进步指数（1991）；联合国开发计划署分别构造了能力贫困指标（Capability poverty measure，1996）和人类贫困指数（Human Poverty Index，HPI，1997），等等。这些方法从不同的角度切入，为多维贫困指标体系的合理构造提供了思路，但同时也产生了多维度加总和权重分解上的诸多问题。阿尔凯尔和福斯特（2008）发表的《计数和多维贫困测

量》一文，提出了多维贫困识别、加总和分解的方法，压缩了由加总到分解"二重环节"的误差区间，比早期的多维贫困指数更加准确、细致，这就是如今被广泛使用的《人类发展报告》中编制 MPI 使用的 Alkire - Foster（AF）方法。《2011 年人类发展报告》的多维贫困指数表明，它更加生动地反映了贫困人口受剥夺的情况，对环境剥夺有了更加深入的了解和测量。国外研究多维贫困指标体系涵盖了收入、教育、健康、资产、生活标准和社会参与六个大的方面，能够动态地真实反映个人或家庭贫困的持久性和多重性，按照地区、维度、指标进行分解，可以帮助研究者确定被剥夺领域的优先级，为本项目研究提供了良好的测量工具借鉴。

（二）多维贫困指标体系的缺点

1. 维度的选取存在覆盖面的缺陷

多维贫困指数构造过程中，关键之一是指标选取。指标不仅要客观反映特定国家或地区的多维贫困状况，还要是便于相互间比较的通用指标。广为人知的人类发展指数是由人均 GDP、预期寿命和教育三个维度构成。在维度选择中，除最基本的收入或支出外，一般还考虑住房、教育、健康、环境等。在现代文明社会中，就业、人身安全、赋权、体面出门的能力和心理等主观福利，也是人们关心的生存权利。但是，由于个体及家庭微观数据的不可获取性，无法对其中的许多维度进行测度，也就相应地不能被纳入多维贫困指数中。

2. 维度选择、阀值设定及权重分配差异对测量结果的影响

尽管多维贫困的测量方法已经受到不断地修正与改进，AF 方法的确立也为学界提供了一种从多维角度测量贫困的较为权威的测算方法；但不可否认的是，现有的测量方法仍然在一些关键的环节上有着一定程度的任意性，集中体现在对福利被剥夺的维度选择、临界值设置以及权重分配上，在这些点的选择上如果有一个或一组存在差别，研究结果就会产生较大的差异。同时，尽管多维贫困指标体系的出现控制了这种任意性，但要想继续提高测量的准确度，真正"瞄准"贫困主体，仍然有赖于大量研究结果的类型化总结。多维贫困指标体系是从原因进路上控制测量的准确性，而对以往研究的复盘和总结则是从结果进路上反思：什么样的贫困特征应该适用什么样的维度选择，设置多少的临界值，以及分配怎样的权重才能达到较为理想的研究目的。

3. 统计数据的可得性存在着时效的偏差

多维贫困指数是基于现有家庭统计调查，对这一反映人的可行能力扩展方面的许多指标，由于数据不可获得，因此，还没有被纳入测量范畴。另外，权重的设定也存在改进的空间。多维贫困指数受限于各国统计数据的可得性，部分国家的数据十分陈旧，无法反映当前的贫困状况。例如，对于中国多维贫困的测量，采用的是2003年世界卫生调查（WHS）数据，这一数据离当前中国的状况已超过10年。

第二节　我国学术界关于贫困的多维研究视野及特点

我国以往对农民工贫困问题的研究大多包含在对城乡贫困问题的总体研究之中。传统的贫困的测量，大多用以收入/消费为准则的度量方法。从多维角度将国际测量多维贫困的方法运用到中国贫困问题的研究中，用以探究中国贫困存在的动因，起步较晚，但发展势头较好。国内学者对贫困的测量，大体上包括三个方面：贫困维度的确定，贫困主体的确定及多维贫困测量。这些研究偏重于度量研究过程中遇到的问题与难题。

一、国内对贫困以及农民工问题的研究

（一）对贫困的识别与度量研究

国内很多技术性和学理性的文献都致力于在一维基础上进行贫困的度量，例如，童星、林闽钢（1993）撰写的《我国农村贫困标准线研究》提出"贫困是经济、社会、文化落后的总称，是由最低收入造成的缺少生活必需品和服务，以及没有发展机会和发展手段的一种生活状况"。自从布吉尼翁和查克拉瓦蒂（Bourguignon and Chakravarty，2003）研究多维贫困的度量问题以来，有的学者用类似于一维贫困下的贫困指数和公理性推导的方式，构造了多维贫困指数（陈立中，2008）。然而，事实上，一维与多维之间存在很多关键性的差异，多维贫困的度量面临不少新的难题。王小林（2006）采用阿尔凯尔和福斯特开发的多维贫困测量方法，利用2006年中国健康与营养调查数据，对中国城市和农村家庭多维贫困进行了测量。测量结果表明，中国城市和农村家庭都存在收入之外

的多维贫困，中国城市和农村近 1/5 的家庭存在收入之外任意 3 个维度的贫困。

（二）国内对农民工贫困问题的研究呈现多元化特征

国内学者对贫困相关问题的研究视野还涵盖了贫困测量方法（王小林，2009；孙秀玲，田国英，潘云，张振，张文丽，2012；陈立中，2008；郭建宇，2012；王春萍，2009）；减少贫困策略研究（胡鞍钢，2010；李周，孙若梅，高岭，1997；邓曲恒，李实，2010；杨穗，2009；吴国宝，关冰，谭清香，2008）；利贫增长研究（郑秉文，2009；王小林，2009）。金莲（2007）从消费角度研究了城镇农民工的贫困测度问题，根据相关机构发布的食品定量标准，确定贫困群体最低食品消费量，并根据价格数据测算出最低消费额，以此作为标准来考察农民工贫困问题。林娜（2009）在《多维视角下的农民工贫困问题研究》中认为贫困可以分为物质贫困、权利贫困与精神贫困。樊丽淑、孙家良、高锁平（2008）撰写的《经济发达地区城市农民工贫困的表现特征及根源》把农民工贫困问题分解为了经济、能力资源、社会权利、社会交往和心理素质等多个方面与层次进行考察。李善同（2009）则在《农民工在城市的就业、收入与公共服务——城市贫困的视角》中认为农民工工资水平低，有着较大的陷入贫困的风险。康建英（2009）则从人力资本和社会资本的角度研究了农村向城市移民过程中的贫困问题。王雨林（2004）从政治、经济、社会和文化四个维度进行分析。杨洋、马骁（2012）的研究发现，流动人口是城市贫困的一个重要来源，流动人口与城镇人口在收入、资产、住房与社会保障方面有较大差距。

二、国内学术界多维贫困研究的特点

（一）研究主要围绕对国外多维测量方法的应用

目前我国对贫困问题的认识已经逐步由一维向多维转换，基于早期的绝对贫困而采用单一的收入指标制定贫困线对贫困人口进行识别的传统策略已经逐渐走上了下坡路。但是，回望我国目前在该领域的研究成果可以发现，已有研究主要是多维贫困测量方法的再应用，其实质是阿马蒂亚·森等学者创立的理论与测量方法的单一化实践。

（二）在多维的视角下仍然没有摒弃一维的旧思路

一些学者对传统的研究方法进行了反思，认为以一个由若干经济变量和其他福利变量合成的综合指标或指数及相应的贫困线来测度贫困，其实质仅是在比收入贫困更广的意义上界定贫困，虽拓展了贫困的外延，仍是将贫困视为一个一维概念（王小林，2006）。将贫困视为一个多维概念要求对每个选中的福利变量均确定其相应的贫困线，当一个人有一个福利特征值低于相应贫困线时，就属于贫困人口，即多维贫困应被定义为一个人有某个福利特征值小于相应的阈值。因此，有必要重新研究多维贫困测度指标（尚卫平，姚智谋，2005）。

（三）微观数据的缺乏极大地限制了可测量的维度范围

多维贫困测量相对于传统的收入一维测量来说，对数据的需求量大大增加。当前我国个体及家庭微观数据的缺失使得许多有价值甚至"最优"维度的测量受到极大地限制，出现了理论研究已向多维角度迈进，而实证研究跟不上脚步的尴尬情形，既不利于检验和丰富既有研究成果，也不利于构造符合国情的、贴近我国贫困现实的多维贫困理论。同时，由于许多指标以家户指标为单位，个体的许多特征在与家户指标构成的多维贫困指数之间的关系会被弱化，甚至扭曲（方迎风，2012），从而难以真实反映个体的贫困状况。

（四）尚未建立起统一的多维贫困指标体系

由于我国对多维贫困的研究起步较晚但发展势头迅猛，不同学科背景的学者从自身的研究领域出发，运用经济学、社会学、政治学、管理学，以及多种交叉学科的学科方法对其进行研究，依据不同的侧重点来选择贫困识别的维度、构建指标。在此过程中，大部分学者都继续沿用了收入维度，但在其他多维度指标如能力、社会保障、教育的选择上存在较大的差异，大部分研究都是"东一榔头西一棒子"，缺乏一个能够普遍适用的多学科融合的贫困概念和识别的指标体系。

综上所述，国内对农民工贫困的多维度测量研究，与国外研究尚存在不小的差距。总体上来说，国内已有对农民工多维贫困的研究更侧重于概念框架的探讨，通过建立系统的多维贫困指标体系及第一手调查数据来全面开展农民工贫困问题的研究，尚有待于充实。从多维角度识别贫困、测量贫困对于处在"处处都是硬骨头"的减贫扶贫后期阶段的我国，有着十分重要的意义，是"精准扶贫"的必然要求，有利于特殊贫困群体贫困问题的解决，将"硬骨头"逐个击破。中国离完成扶贫开发战略（2011～2020 年）和 2020 年全面建成小康社会的目标已近在咫尺，在反贫困斗争的最后冲刺阶段，对贫困人口的识别和测度势必立足于多维视角。

第二章

关于贫困根源的分析：
理论对比与思索

消除贫困是人类社会孜孜以求的目标，是全球共同的课题。根据联合国《千年发展目标 2015 年报告》显示，全球目前仍有约八亿人口生活在极端贫困之中，扶贫依旧任重道远。在我国，党的十八大提出了到 2020 年实现全面建成小康社会的宏伟目标。但是，我国收入差距较大，贫富分化趋势明显，这对全面建成小康社会形成了巨大挑战。2015 年政府工作报告明确表示，实施精准扶贫、精准脱贫，减少 1000 万以上农村贫困人口。贫困问题并没有随着经济的快速增长而同步快速消减。

然而，目前围绕贫困理论展开的研究还需丰富与发展。贫困问题虽然首先表现为一种社会生活现象，但主要根源在于经济生活。西方经济学中的贫困理论对于贫困固然不乏真知灼见，也为解释贫困现象、破解贫困难题提供了有益借鉴，但是，其贫困理论是零散的、非系统的，甚至还有辩护性、迷惑性，照抄照搬实不足取。下文将全面深入地比较不同学派的贫困理论，以期分清理论是非，启迪理论探究和指导现实应用。

第一节　西方经济学关于贫困成因的几种解释

一、马尔萨斯的人口过快增长致贫说

马尔萨斯是最早研究贫困问题的西方经济学家之一，在其代表作《人口原理》中论述了穷人贫困的原因。第一，人类繁衍自身的生物本能将导致人口的快速增长。穷人由于无知粗野或道德低下，在满足基本食物需要

的情况下总是倾向于无限制地生育。第二，人口自然增长过快，而土地资源相对有限，这将使劳动力供给过剩，一旦这一趋势恶化下去，饥荒、贫困和死亡就在所难免了。此外，从长期看，人口是按级数快速增长的，而食物供给是按比例增长的，人口的增长速度总是大于食物供给的增长速度。于是，贫困是不可避免的。马尔萨斯认为，穷人的贫困与资本主义社会制度无关，与生产资料的资本主义私有制无关，是人口增长过快、超过食物供给量增速的结果。不仅如此，他还认为广大劳动群众的贫困是"自然法则"作用下的必然结果，是社会正常运行不可避免的一部分。换言之，广大劳动人民的贫困是因为他们储蓄少和生育过多，是他们自身素质低下、贪图享受不知节俭、冥顽无知的产物。

马尔萨斯是从资产阶级的立场出发，为资本主义制度的合理性和劳动人民贫困的正当性进行辩护。脱离社会制度把劳苦工人的贫困简单地归因于人口的过快增长是武断的，在实践上和理论上都是站不住脚的。不可否认，单个劳动者会因为生育的子女较多而加重家庭负担，更容易陷入贫困。人口的过快增长也会加剧不被资本需要的相对过剩人口的大量产生，从而加重劳动人民的贫困。但是，依此分析整个劳动人民阶级的贫困则是舍本逐末，掩盖了资本主义生产方式下劳动者受剥削、受奴役的本质。

二、马歇尔等关于贫困成因的几个解释

西方主流经济学主要是在论证资本主义自由市场机制的有效性与合理性，对贫困问题的直接表述并不多中，但马歇尔、萨缪尔森等西方主流经济学家，在综合和不断修正前人的研究成果的基础上，从关于工资、失业及市场失灵等问题的探索中，涉及了贫困问题。主流经济学家综合各派经济学说，采用供求均衡分析方法，创立了供求均衡工资理论。其主要观点是：

第一，在完全竞争市场，工资是由劳动市场上劳动供给与劳动需求相互作用、共同决定的，劳动供求均衡时的价格即为工资。第二，劳动需求取决于劳动的边际生产力或劳动的边际产品价值，即厂商根据利润最大化原则使劳动的需求价格等于多增加一单位劳动所生产的产品价值。第三，劳动供给由工人根据效用最大化原则在工作和闲暇之间取舍决定，使二者的边际效用相等。第四，劳动供给增加，工资水平趋于下降；劳动需求增加，工资趋于上升，即工资水平与劳动供给量成反比，与劳动需求量成正

比。第五，在不完全竞争市场，工资还受工人集体谈判、劳资双方的力量对比、工人的劳动技能、受教育程度，以及最低工资法等因素的影响。运用该工资理论说明工人由于工资低而陷入贫困，可以得出以下结论：

首先，工人工资低、生活贫困是市场机制有效运行的结果。其次，工资是工人劳动的边际贡献的反映，是全部劳动的报酬。工人的贫困是由工人的劳动贡献小造成的。再次，工作时间长短是工人根据自己效用最大化作出的选择，工人很可能是由于懒惰而陷入贫困。最后，工人的贫困主要由劳动供求状况决定，还受工人的集体谈判、劳资双方力量对比、工人的劳动技能、受教育程度，以及最低工资法等的影响。

工人会因为工资低而无法养家糊口，而失业则意味着失去生活资料来源，陷入一无所有的赤贫境地。从微观上看，主流经济学认为，工资的刚性或黏性使劳动力市场不能迅速出清，从而产生失业问题。工资合同、效率工资、工会组织的集体谈判力量、内部人的控制、最低工资法，以及货币幻觉的存在等都使得名义工资短期难以迅速调整，使得实际工资高于市场均衡工资，就业人数减少，失业增加。因此，部分工人因为失业陷入需要救济的贫困地步是由于市场工资水平过高，导致他们无法被雇用，即人为提高工人的工资反而会加剧部分工人的失业与贫困。从宏观上看，主流经济学认为，失业按照不同的标准可以分为自愿失业和非自愿失业，暂时性或季节性失业和永久性失业，摩擦性失业、周期性失业、技术性失业及结构性失业等。弗里德曼还提出了自然失业率的概念。不同类型的失业其原因有所不同，有的是因为工人不愿意接受现行的工资水平和待遇自愿选择失业，有的是处于寻找更合适的工作过程中的失业，有的是由于无法适应技术革新的需要而陷入失业，还有的是产业结构、生产方式的转换造成的失业等不一而足。主流经济学家认为，在短期宏观经济中，有效需求不足将导致经济衰退、就业总量下降，失业增加；同时，政府如果为了控制通货膨胀实行紧缩性的宏观经济政策抑制总需求，也将导致失业率提高。

主流经济学详细地描述了工资水平的决定问题和不同类型的失业，这对于具体理解市场经济运行中工人由于工资低或者失业陷入贫困具有重要参考意义。主流经济学间接地分析了产生贫困的诸多复杂的现实因素，这种解释在一定程度上与经济表面现象相符合。但是，主流经济学对贫困原因的分析具有明显的辩护性，掩盖了资本主义制度的本质，也没有揭示贫困的根本原因。甚至认为，工资是工人劳动的全部成果，工资低是由于工人的边际贡献小；失业也可能是工人自愿选择的，工人由于低工资、失业陷入贫困的境地是市场有效运行的正常结果，符合机会公平、过程公平的原则。

三、发展经济学中关于贫困原因的理论

（一）纳克斯的"贫困恶性循环"理论

拉格纳·纳克斯（Ragnar Narkse）在其代表性著作《不发达国家的资本形成》一书中较为系统地研究了发展中国家的贫困问题，提出了"贫困恶性循环"理论。纳克斯指出，发展中国家的贫困不是因为国内资源的不足，而是因为这些国家经济中存在着相互作用的"贫困恶性循环"。从资本供给的角度看，发展中国家人均收入水平低意味着低储蓄能力，储蓄能力低导致资本形成不足，资本形成不足使劳动生产率难以提高，生产率水平低又造成低收入，如此循环往复。从资本需求的角度看，收入低意味着低购买力，购买力水平低对投资的引诱不足，低投资导致劳动生产率难以提高，低生产率又造成低收入，如此周而复始。这两个循环交织在一起，相互影响、相互作用，使得发展中国家长期处于经济停滞和贫困之中。因此，纳克斯得出了一个著名的命题——一国穷是因为它穷。

纳克斯实际上认为，发展中国家贫困产生的主要原因是资本缺乏，由于资本不足陷入贫困的恶性循环。该理论在一定程度上反映了发展中国家的现实情况，具有重要的理论与现实意义。但是，完全撇开社会因素，把贫困的原因主要归结为资本积累不足是武断的、片面的。

此外，纳克斯揭示的贫困原因是以整个国家即发展中国家为对象的，没有具体解释个体或某一阶级、阶层贫困的原因。

（二）纳尔逊的"低水平均衡陷阱"理论

纳尔逊（R. R. Nelson）在1956年发表了《不发达国家的一种低水平均衡陷阱理论》一文，提出了"低水平均衡陷阱"理论。他利用数学模型分别考察了人均资本增长率、人口增长率、国民增长率与人均收入增长率的关系，分析了贫困自我维持、循环的机制。其主要观点是：第一，存在一个人均收入的理论值，使得产出增长率与人口增长率相等。第二，当实际人均收入低于该人均收入的理论值时，人口增长率超过国民增长率，

人均收入水平终将被拉回到"低水平均衡陷阱"。第三，只有实际人均收入高于人均收入的理论值，国民收入增长率超过人口增长率，人均收入才会相应增加，直到国民收入增长率与人口增长率相等。第四，从一个最低人均收入水平增长到人均收入的理论值中间是一个"低水平均衡陷阱"，在这个陷阱中，任何超过最低水平的人均国民收入的增长终将被人口增长所抵消。第五，发展中国家的人均收入处于或接近处于维持生存的低水平状态，这种低水平均衡是稳定的，即发展中国家的贫困具有内在的稳定性。

与纳克斯的"贫困恶性循环"理论相比，纳尔逊进一步证明了发展中国家贫困再生产是一种稳定的现象，并揭示了这种稳定均衡的内在机制及突破贫困均衡的临界条件。[①] 纳尔逊认为，资本稀缺、人口增长过快阻碍了发展中国家经济增长和人均收入水平的提高，这在一定程度上解释了发展中国家贫困的原因。但是，这只在人均收入层面上揭示了发展中国家贫困的部分原因，并没有解释发展中国家贫困的社会性、历史性原因，也没有涉及发展中国家内部不同阶级、不同阶层的贫困问题。

（三）莱宾斯坦的"临界最小努力"理论

美国经济学家哈维·莱宾斯坦（Harvey Leibenstein）在 1957 年提出了经济发展的"临界最小努力"理论。这种理论认为，发展中国家之所以陷入贫困的恶性循环中，是因为没有足够高的投资率使国民收入增长速度快于人口增长速度，从而使人均收入水难以提高，这个投资率水平即"临界最小努力"。他还指出了进行临界最小努力的必要性：一要克服规模的内在不经济；二要弥补外部规模经济的缺乏；三要抵消人口过快增长对人均收入的阻碍作用；四要保证足够高的初始投资水平以形成持久发展的动力。莱宾斯坦的贫困原因理论主要内容是：首先，经济增长过程中存在着提高人均收入和压低人均收入的两种力量，二者相互依存、此消彼长。提高人均收入的力量大小是由上一期的收入水平和投资水平所决定的，压低人均收入的力量大小则是由上一期的投资规模和人口增长的速度所决定的。然后，只有总收入增长速度快于人口增长速度时，提高收入的力量才能大于压低收入的力量，人均收入水平才会大幅度提高。最后，发展中国家的现实是压低人均收入的力量往往大于提高人均收入的力量，使得人均

① 叶普万. 贫困经济学研究［M］. 北京：中国社会科学出版社，2004：32.

收入难以打破低水平的均衡陷阱。① 此外，他还把贫困原因与一些制度和人文条件联系起来，如观念的更新、承担风险的意识，以及适宜企业成长的社会环境等。

莱宾斯坦进一步说明了低投资率、高人口增长率是发展中国家贫困的主要原因，这很大程度上解释了经济极度落后、科技不发达国家的贫困产生的原因。但是这种解释存在片面强调资本形成的作用，忽视了社会制度、历史背景的影响，也无法说明由于分配不均、不公平导致的贫困。

(四) 缪尔达尔的"循环积累因果关系"理论

冈纳·缪尔达尔 (Gunnar Myrdal) 以研究贫困问题著称于世，他试图从制度、经济、政治、文化、社会等诸多领域全方位研究贫困的产生原因，提出了"循环积累因果关系"理论。该理论认为，在动态的社会经济发展过程中各种因素紧密相连，相互作用，存在着循环积累的因果关系。一个经济社会因素的变化会引起另一个经济社会因素发生相应变化；后者的变化反过来又加强了前一因素的变化，从而导致社会经济沿着最初的经济社会因素变化的方向发展，形成了积累性的循环发展趋势。因此，经济社会各因素之间的变化不是趋于均衡，而是循环累积演进。② 缪尔达尔还以美国黑人问题为例说明这一理论，白人对黑人的偏见、歧视加剧了黑人的贫困，黑人的贫困和缺乏教育又会增加白人对他们的歧视。在欠发达地区，人们由于收入水平低，物质生活水平低下，营养、医疗卫生及受教育状况较差，身体素质和文化素质下降，从而导致劳动生产率难以提高，产出增长缓慢，最终导致实际收入难以增加，陷入低收入或贫困的累积循环之中。缪尔达尔认为，收入水平低下不仅是贫困的表现，还是产生贫困的重要原因。而低收入是社会、经济、政治和制度等多方面综合作用的结果，但其中最重要的原因是资本稀缺和收入分配制度的不平等。③

缪尔达尔突破了新古典经济学的框架，从制度、文化、社会、经济及政治等诸多因素出发，较为系统地研究了贫困产生的原因。而且，他从贫困的"循环累积因果关系"中揭示了低收入与贫困的再生产机制。缪尔达尔对贫困原因的分析很大程度上是全面系统的，具有重要的理论和现实意义。但是，缪尔达尔在论证贫困循环因果关系中有循环论证之嫌，也没有

①③ 叶普万.贫困经济学研究 [M].北京：中国社会科学出版社，2004：33，35.
② 吴易风等.马克思主义经济学与西方经济学比较研究 [M].北京：中国人民大学出版社，2013：703.

从资本的逐利性、剥削性和扩张性入手分析工人阶级贫困的根源。

（五）舒尔茨的"人力资本"理论

人力资本的概念最初是由西奥多·舒尔茨（T. W. Schultz）在1960年明确提出来的，他认为，"经济发展主要取决于人的质量，而不是自然资源的丰瘠或资本存量的多寡。"①"人力资本"理论强调卫生保健、教育培训可以提高劳动者的身体素质和知识文化水平及技能水平，即提升其人力资本，从而提高经济效率，增加收入。发展中国家贫困落后的根本原因不是物质资本的短缺，而是人力资本的匮乏和对人力资本投资的过分轻视。"在发展中国家，低估人力投资的情况更为严重，人力投资更加受到人们的忽视，这是许多此类国家领导人和代表人物所固有的思想倾向。我们的经济增长理论教条的输出已对此起到作用，而这些教条总是把物质资本的形成置于突出的地位，以为人力资源的过剩是理所当然的事。"② 一个国家的医疗卫生、保健服务不到位，教育培训体系落后，导致国民素质难以提高，人力资本严重不足，从而导致劳动生产率低下，经济发展缓慢乃至停滞。同理，一个人健康状况差，接受教育培训的程度低，导致个人人力资本缺乏，从而导致就业困难、收入微薄，容易陷入贫困的境地。

舒尔茨的"人力资本"理论纠正了过于重视物质资本形成而忽视人力资本投资的倾向，也使得对贫困原因的解释更加全面、深入。并且随着科学技术的迅速发展，以及知识经济时代的到来，人力资本的重要性将会日益凸显，其对贫困的作用也将更加显著。然而，这里所谓的人力资本中的"资本"与马克思语境下的资本是截然不同的。前者仅表示获取利益的一种有形或是无形的工具，后者本质上则是一种剥削关系。工人不会因为知识文化水平的提高而成为资本家，知识很大程度上是资本获利的工具。当然，运用人力资本的概念强调知识文化水平、健康状况、劳动技能等对收入、贫困的影响也不无道理。

（六）森的"贫困成因"理论

阿马蒂亚·森（Amartya Sen）对穷人问题研究颇丰，素有"经济学界的良心"的美称。森对贫困与饥荒的分析是建立在其能力福利理论的基

① ［美］舒尔茨. 人力资本投资, 现代国外经济学论文集（8）［M］. 商务印书馆, 1984: 38.
② ［美］舒尔茨. 论人力资本投资［M］. 北京: 经济学院出版社, 1992: 16.

础上的。他认为，个人福利水平的高低不能简单用收入、资源占有量或效用来衡量，主张运用能力衡量福利，用"个人在生活中实现各种有价值的功能的实际能力"来评价贫困状况。森的"贫困成因"理论主要有三个方面：第一，贫困不仅仅是收入低下，而且是基本的可行能力被剥夺。收入是获得能力的重要条件，而能力的高低显著地影响收入水平。缺乏基础教育和卫生保健使个人基本能力受到侵害，陷入能力贫困的境地，继而加重收入贫困。基本能力被剥夺，即能力贫困，是导致贫困的深刻原因，而收入低只是贫困的表层原因和体现。第二，社会排斥是导致能力贫困的重要诱因。社会排斥包括性别排斥、劳动市场的排斥、信用市场的排斥，以及政府提供公共服务方面的排斥，等等。失业是一种典型的被动社会排斥，长期失业会造成技术生疏、丧失积极性、人际关系和家庭生活紧张，以及社会价值与责任感下降等不良后果，从而导致社会参与能力下降，进而构成一种新的社会排斥，使人陷入贫困的恶性循环。[①] 第三，饥饿是贫困的特殊形态，饥饿不仅是因为粮食生产供给不足，还是交换食物的权利失败导致的恶果。这种权利失败主要是因为丧失了交换粮食的"资源禀赋"。森认为，个人避免饥饿的能力依赖于他的财产所有权结构和所面临的交换权利映射，而饥饿的直接原因是个人交换权利的下降，这种交换权利本质上取决于"他在社会经济等级结构中的地位，以及经济中的生产方式"，但同时也依赖于市场交换和国家所提供的社会保障。[②]

森突破了以低收入衡量贫困的传统，认为贫困是基本可行能力被剥夺，丧失自由发展机会的结果。森从多角度全面分析了社会、经济、政治等各种因素对贫困的影响，尤其重视社会制度因素在贫困产生中的决定性作用。森的"贫困成因"理论在很大程度上是全面系统的，具有很大的理论和现实意义。然而，森的"贫困成因"理论没有揭示贫困产生的历史渊源，主要从交换领域论述贫困的成因，没有触及资本主义生产方式对工人贫困的根本性影响。

---

① 贺静. 西方经济学穷人和贫困问题研究及启示［M］. 北京：中国社会科学出版社，2013：77.

② 吴易风等. 马克思主义经济学与西方经济学比较研究［M］. 北京：中国人民大学出版社，2013：706.

第二节　关于反贫困的若干政策主张

一、马尔萨斯的反贫困主张

马尔萨斯认为贫困主要是由穷人人口过快增长所导致的，与社会制度无关。任何试图救济穷人、消除贫困的政策法规，如收入再分配、反贫困立法及改革社会制度等，都是无效的，而且是有害的。因为，这些措施只会使人口继续过快增长，而不能增加生活资料的数量。只有严格控制人口过快增长，才能有效减少饥饿、贫困的产生。他还提出，控制生育以降低出生率，甚至主张通过饥荒、疾病、灾难乃至战争以提高死亡率来抑制人口增长。

马尔萨斯主张控制人口过快增长以消除饥饿、贫困，这具有一定的合理性。从单个穷人家庭来看，如能控制生育减少抚养子女的人数，可以减轻家庭负担和贫困程度；从整个国家来看，控制人口过快增长有利于使人口增长与经济发展、资源环境的承载力相协调，从而有助于经济健康持续发展，加快脱贫步伐。但是，马尔萨斯的反贫困主张存在严重的缺陷：第一，罔顾资本主义制度对无产阶级贫困的决定性作用，反对变革社会制度，甚至反对任何致力于减轻贫困的社会改良政策。第二，忽视了技术进步、人口素质的提高、生产工具的改进及生产方式的创新对社会财富、生活资料增长的巨大作用，片面强调控制人口增长。第三，其控制人口增长的手段，如饥饿、疾病、战争等，是不合理的，对人民群众过于残酷无情。马尔萨斯的反贫困主张基本是消极无为、放任自流的。

二、主流经济学的反贫困主张

主流经济学认为，工资和就业量主要是市场机制调节的结果，劳动力供过于求时工人可能因工资低或者失业而陷入贫困，但是劳动力市场终究会自行调节使劳动力供求均衡。因此，贫富两极分化和贫困的产生只是市场自由竞争、有效运行带来的"副产品"，是暂时的市场失灵。为了缓和社会矛盾，保证市场正常运转，可以通过政府干预保障低收入人群的基本生活以纠正这种市场失灵。从微观上看，政府可以实行最低工资制度，从而避免出现劳动力之间的激烈竞争把工资压低到难以维持工人正常生活的境地。针对老幼病残等弱势群体的贫困状况，政府可以建立最低生活保障制度，对无收入来源人群进行补贴或者实物捐赠。建立健全以医疗保险、养老保险、失业保险，以及公共卫生和义务教育等为主要内容的社会福利体系，可以有效地减少贫困，维护社会稳定。从宏观上看，政府可以在经济不景气、失业压力大时相机运用财政政策和货币政策的组合扩张总需求，刺激经济增长以实现充分就业。失业会把工人推向绝对贫困的边缘，失业的减少可以有效地消减贫困。在经济衰退期，政府可以通过兴办公共工程、增加政府购买、减免税收，以及增加货币投放量等多种政策措施刺激总需求，从而扭转经济颓势，减少失业人口，减轻社会贫困状况。

　　发展经济学家的反贫困主张随着经济社会发展以及时代的进步，不断得到丰富、发展，处于不同发展阶段的国家在某种程度上都可以从中借鉴经验，探寻反贫困思路。工业化初期资本稀缺，应当加快资本积累，控制人口过快增长，从而提高人均资本，增加产出与人均收入，减轻普遍化的贫困；工业化中后期随着科技进步以及知识经济的兴起，劳动力综合素质日益具有决定性影响，从而通过教育、培训、卫生保健等提升人力资本对于国家和个人的脱贫也日益重要。在社会生产力不断进步、物质财富大幅增加的情况下，对于社会贫富差距扩大而产生的贫困现象应当从经济、政治、社会、文化等多角度全方位来化解贫困，尤其要注重对个人基本可行能力的保障。

　　主流经济学的反贫困政策主张主要着眼于修补市场自发运行带来的缺陷，为市场机制的有效运转提供稳定的社会环境。或者说，经济发展、减轻贫困主要还是要依靠市场机制的高效运行。主流经济学的反贫困主张主要涉及消减因工资低而产生的贫困和失业带来的贫困，也包括对有心理、生理缺陷的社会弱势群体的救助。其主要观点是：第一，通过适度的收入再分配手段救助处于贫困中的人群。第二，利用政府干预增加社会就业量从而降低失业率，即减少贫困人口。第三，建立完善的社会保障制度从而普遍消减社会贫困状况。主流经济学的反贫困主张在一定程度上对发展市场经济过程中消减贫困具有一般借鉴意义，如最低工资制度、降低失业率的宏观经济政策，以及普遍的最低生活保障制度，等等。但是，主流经济学的反贫困政策建议是为资本主义市场机制拾遗补缺，主要依赖于自由市场，反对变革资本主义制度，不可能从根本上消灭贫困和两极分化。

三、发展经济学的反贫困主张

第一，加速物质资本积累，提高人均资本。纳克斯、纳尔逊，以及莱宾斯坦等发展经济学家都强调资本稀缺是发展中国家贫困落后的主要因素，要打破"贫困恶性循环"，冲出"低水平均衡陷阱"，必须进行大规模的投资，使投资和总收入的增长速度快于人口增长速度。由于大推进战略，即全面的大规模投资不符合广大发展中国家资本短缺的现实，可以采用不平衡发展战略，优先发展带动性强的主导产业。发展中国家通过资本积累、提高人均资本水平，社会劳动生产率将会快速提高，从而使产出和人均收入得以增加，为消减普遍性的贫困奠定了物质基础。这对于工业基础薄弱、技术落后的发展中国家的经济起飞、贫困消弭具有重要参考意义。

第二，增加人力资本投资，提高人的质量。以舒尔茨为代表的经济学家认为，人力资本的贫乏和对人力资本投资的忽视是发展中国家贫困落后的主要原因，贫困地区应把教育、技术培训、卫生保健等有利于提高人力资本的领域放在首位，优先发展。对于整个国家而言，人民科学文化知识水平越高，劳动技能越熟练，健康状况越好，社会劳动生产率就会越高，总产出和人均收入也越高；对于个人而言，一个人的受教育水平、劳动技能越高，身体素质越好，通常其收入就会越多。因此，为了有效减少贫困，国家应该大力发展基础教育、高等教育以及职业技术培训，提升贫困人口的人力资本；个人为了脱贫致富也应当积极接受科学文化教育和技能培训，提高自身素质。

第三，以全方位的制度改革消减贫困。缪尔达尔的"循环积累因果关系"理论从经济、政治、文化、社会甚至历史等多领域系统解释了发展中国家贫困的成因，他的发展中国家的反贫困主张是："发展需要更多的、在许多方面更为彻底的努力，需要不发达国家更快、更为有效的大规模改革和发达国家更多的关心与更实质性的贡献。"① 首先，进行土地改革，防止土地所有权被少数人垄断。然后，进行教育改革，优先发展基础教育，广泛开展成人教育、技术培训和职业教育，积极促进教育公平②。最

---

① ［瑞典］冈纳·缪尔达尔. 世界贫困的挑战——世界反贫困大纲［M］. 北京：经济学院出版社，1991：16.

② 叶普万. 贫困经济学研究［M］. 北京：中国社会科学出版社，2004：62－63.

后，对阻碍脱贫的政治体制进行改革，保障人民群众的参与权、决策权、监督权，建设法制、廉洁、高效的政府。此外，发达国家在历史上对发展中国家的殖民掠夺和攫取是导致许多发展中国家贫困落后的重要原因，发达国家应当对发展中国家进行援助以加快其发展、脱贫步伐。缪尔达尔从经济、政治、社会及外部环境等诸多角度，全面系统地提出了发展中国家的反贫困纲领，这对于反贫困的理论研究和具体实践都具有重大指导与借鉴意义。

第四，消减社会排斥，保障个人基本可行能力和交换权利不受剥夺。阿马蒂亚·森认为，基本可行能力被剥夺、社会排斥以及权利失败是贫困产生的主要原因，主张从建立、维护个人基本可行能力的根本视角上消除贫困。首先，保障每一位劳动者在劳动力市场不受社会排斥的权利，享受平等的就业权，免受失业困扰。其次，保障全体社会成员，尤其是贫困人口平等享受基础教育、医疗服务、卫生保健等基本公共服务，维护个人基本可行能力不受侵害。再次，保障个人的自由参与政治生活、经济生活以及社会生活的平等权利，使每一位公民获得平等发展的机会。最后，通过最低生活保障以及合理的产权安排，保障个人自由交换的权利。森的反贫困主张不仅仅是要增加贫困人口的收入，还要保障他们的能力平等，以及其在经济、政治、社会上自由发展的机会与权利。这拓宽了传统的反贫困内容，也更有利于从根本上消减贫困，实现个人的自由全面发展，具有显著的理论与现实意义。

以上反贫困理论、主张都不乏真知灼见，自然可以吸收借鉴。但是都没揭示出生产资料的资本主义私有制对工人阶级贫困的决定性影响，没能从根本上指明反贫困的道路选择问题，即只有社会主义共同富裕道路才是消灭贫困的根本之法。

第三章

我国城镇化进程中农民工
贫困产生的根源

我国正处于城镇化的加速期，城镇化率从 2002 年的 39.09% 上升到 2016 年的 57%，以年均增长超过一个百分点的速度稳步推进。尤其是新一届政府把推进以人为本的新型城镇化作为工作重点，推动了我国城镇化的进程。新型城镇化既是扩大内需的重要手段，也是转变经济增长方式的必然途径，将成为我国经济的重要增长引擎。

第一节　农民工贫困产生的历史因素

（一）城镇化进程与农民工的贫困现象

随着工业化和城镇化的快速推进，尤其是进入 21 世纪以来，越来越多的农村剩余劳动力离开农村转移到城镇。根据最新数据显示，2016 年末全国大陆总人口为 138271 万人，其中城镇常住人口为 79298 万人，占总人口的比重为 57.35%；全国农民工总量为 8171 万人，比上年增长 1.5%，其中外出农民工为 16.934 万人，本地农民工 1237 万人。① 农民工为城市建设、经济发展注入了源源不断的活力，他们为社会创造了大量财富，对改善人民生活，加速工业化、城镇化和现代化进程等都作出了杰出贡献。然而，他们却是被城市边缘化的弱势群体。农民工不能获得平等的就业机会，城市本地人不愿意做的最苦、最累、最差、最危险的工作由他们承担，农民工遭受就业不平等待遇已经司空见惯。农民工普遍劳动时

---

① 国家统计局.2016 年国民经济和社会发展统计公报.

间过长、劳动强度大，但他们的工资收入仍然偏低，工资拖欠现象依然较为普遍。农民工的生活条件相对艰苦。农民工与雇主或单位签订劳动合同的比重始终未及半数。外地农民工参与社会保障的比例始终在低位徘徊，他们中的绝大多数几乎完全不能享受城镇居民所享有的社会保障待遇，如养老保险、医疗保险、失业保险、生育保险等。农民工的子女在城市接受教育受到各种限制，他们被视为流动人口，户籍被绑定在农村，难以真正地融入城镇，顺利完成市民化。总之，农民工群体的收入层次低，福利待遇差，生活困难多，发展机会少，其绝对贫困或相对贫困问题突出，返贫现象也时有发生。2011 年国际贫困标准调整后，按人均消费 2 美元的标准计算，中国还有 1.28 亿的贫困人口（中科院可持续发展战略研究组，2012）。

党的十八大提出，到 2020 年全面建成小康社会，而贫困人口群体的存在是实现这一目标的巨大挑战。因此，若要实现全面小康，必须迎接挑战，有效消除贫困。农民工联系着农村和城镇，其贫困化问题关系着广大低收入家庭的生计，是当前中国贫困问题的集中体现和重要组成部分。农民工迫于生计进入城镇，从事的工作往往卫生条件差、工作强度大、薪资报酬低，他们在城市中艰难求生。他们不仅是城市最贫困的群体，而且联系着农村的千家万户，与农村贫困问题紧密相连。建筑行业是我国农民工就业最为密集的典型行业，其所容纳的农民工数量占全国外出农民工总数的近 1/3，这些农民工大多来自中西部地区贫困的农村家庭。所以，研究建筑业农民工贫困问题对于洞察和解决农民工贫困乃至全中国的贫困问题都具有重要意义。建筑业农民工的贫困问题既有贫困群体的共同特征，同时也有自身的独特特征。总体而言，这些特征包括：收入低下，被拖欠工资的概率较其他行业高；劳动和生活环境有待提高；作为"外来人口"难以融入城市社会；各项权益得不到有效保障，尤其是医疗、养老、子女教育等基本公共服务保障缺失等。

城镇化进程中出现的农民工贫困问题不仅仅是收入过低问题，农民工的贫困是多方面、多维度的，导致贫困的因素也是错综复杂的。科学客观的贫困测量和分析是做好扶贫开发工作、提高建筑业农民工生活水平的基础。只有探索清楚农民工贫困发生的具体原因，才能对症下药，使农民工贫困问题早日得到有效解决。

（二）农民工贫困产生的历史因素

在改革开放前，农村实行人民公社制度，包括土地在内的生产资料由公社、生产大队、生产队三级所有，生产队为基本核算单位。农民集体占有生产资料，集体参加劳动，农村劳动力与生产资料实行社会主义结合方式，至少在形式上如此。劳动者只能在集体统一的安排和指令下从事生产劳动，对自身的劳动力没有任何支配权。为了配合这种体制，国家还利用城乡分治的户籍制度把农村劳动力固定在农村地区。① 在当时，中国公有制经济几乎一统天下，排斥商品的存在与市场的作用，农村劳动力商品化的条件根本不存在。改革开放后，随着家庭联产承包责任制的推行，以及人民公社体制被废除，农民家庭自主经营，自负盈亏，从而也获得了支配自身劳动力的自由权。伴随着市场化改革的深入，各种非公有制经济迅速成长壮大，工业化、城镇化加速推进，城市经济快速发展对劳动力的需求日益旺盛。同时，由于我国人均耕地少，农村劳动力处于过剩状态，新增劳动力投入的边际产出极其有限。包产到户的改革虽然通过调动小生产的积极性解决了集体体制下管理不善、激励不足等积弊，在短时间内快速地提高了农业生产力。但随着资本主导的市场经济格局的成型，农村事实上普遍出现的小农经济的弊端日益暴露出来。② 我国人多地少，人均耕地严重不足，农户土地细碎化，基本上维持在一家一户的超小规模经营上。由于农业生产的脆弱性、季节性，我国农业产业化水平低，小农经济难以适应市场经济的发展要求，农民在市场化大潮的冲击下收入处于停滞状态，生活资料日益普遍商品化，已经越来越无法满足家庭的消费需要。购置房产、子女教育、成家立业及耐用消费品的需求日益扩大，农民家庭的生活负担加重。单靠经营超小规模土地农民不能获得足够的生活资料，提高生活水平。

农村劳动力商品化趋势驱动着农村剩余劳动力转移到城镇就业，并且以此来实现劳动力的商品化。农村地区工业化、城镇化建设停滞不前，无法吸纳大量劳动力就业。城镇地区工业化势头强劲。经济迅速发展对劳动力的需求旺盛，工资水平普遍明显高于农村地区，吸引着农村劳动力转移就业。"如果城市的优势是必然的，那么只有把居民吸引到城市才能削弱（正如历史所证明的，也确实在削弱）这种片面性。如果城市必然使自己处于特权地位，使乡村处于从属的、不发达的、无助的、闭塞的状态，那

---

① 康静萍. 中国特色的劳动力商品化——基于马克思资本原始积累理论的分析 [J]. 经济理论与政策研究, 2013 (6): 79.

② 潘毅, 卢晖临, 张慧鹏. 大工地：建筑业与农民工的生存图景 [M]. 北京：北京大学出版社, 2012: 29.

么，只有农村居民流入城市，只有农业人口和非农业人口混合和融合起来，才能使农村居民摆脱孤立无援的地位。"[1] 然而，我国农民进城就业并未彻底完成劳动力的商品化，于是形成了具有中国特色的农民工群体。农民工这个称谓本身就暗示了一种未完成的状态，意味着他们既是工人，又是农民，同时他们既不是工人也不是农民。他们像历史上的所有工人一样在城市中参与生产，却无法转化为真正的工人。[2] 由于国家在户籍、住房、教育和医疗等诸多方面的限制，农民工无法在城市安居乐业，难以真正融入城市，而农村产生了日益普遍的"空巢老人"和"留守儿童"现象。这意味着农民工家庭劳动力再生产在空间上并未顺利转入城市，其中一部分仍在农村进行，即体现在农民工身上的工业化与城镇化是不同步的，城镇化明显滞后于工业化。我国农村劳动力转移具有显著的不彻底性，即劳动力商品化处于未完成状态。正如有的学者提示的，我国作为社会主义国家，从实行家庭联产承包责任制至今始终优先保障农民的土地承包权益，农村劳动力与土地等生产资料基本上并未分离，即使在农地流转和建设征地过程中，农村劳动力与土地的分离也具有补偿性。典型的原始资本积累中，劳动力与生产资料的暴力分离受限于历史条件和社会制度，在我国并未普遍发生。农民工回到农村可以凭借经营家庭的责任田承包地实现劳动力再生产，尽管是低水平的劳动力再生产。也就是说，我国的农民工并未完成无产阶级化，即在全面的无产阶级化之前，半无产阶级化或局部的无产阶级化是先于其余与劳动力商品化相结合的。[3] 表面看来，这与马克思关于劳动力商品化的两个必要条件的论述相矛盾，其实不然，马克思"劳动者的无产阶级化是劳动力成为商品的条件"的观点描述的是一种基本趋势，是资本主义条件下的一般情况。"资本关系，是以劳动者和劳动实现条件的所有权之间的分离为前提条件。资本主义生产一旦站稳脚跟，它就不仅保持这种分离，而且以不断扩大的规模再生产这种分离。"[4] 我国现阶段的国情具有复杂性、特殊性，马克思的劳动力商品化与贫困的产生在我国具体表现为：农民工的无产阶级化与其劳动力商品化均处于未完成状态。

---

① 列宁全集第二卷［M］. 北京：人民出版社，1984：197.

② 列宁全集第二卷［M］. 北京：人民出版社，1984：64 - 65.

③ 孟庆峰. 半无产阶级化. 劳动力商品化与中国农民工［J］. 海派经济学，2011：138.

④ 马克思恩格斯全集［M］第. 3 卷. 北京：人民出版社，1995：782.

第二节　农民工贫困产生的制度因素

首先，户籍制度是最主要的制度障碍。农民工的户籍身份阻碍了其在城市中公平竞争的自由，剥夺了其就业、教育、社会保障等方面的权益，使其成为了在城市社会夹缝中生存的最底层。我国的城乡二元结构阻碍了农村人口的迁移和自由流动，户籍不仅是人口管理方式，还演变成了身份、地位的象征，与其配套的福利制度和衍生的相关政策阻碍了农民工摆脱贫困的步伐。

其次，组织制度的不健全使农民工的权益得不到有效维护。工会是工人表达利益的渠道和谈判平台，而大多数农民工都没有加入，甚至不知道工会是否存在。这些制度的缺陷使农民工群体处于弱势状态，集体话语权缺失。解决组织制度的问题可使农民工享受到互相尊重的社会空间，不仅能改善物质贫困，也能使社会人文环境得到全面提升。

最后，在劳动就业制度方面，城市就业形势日趋严峻，竞争日益激烈。城市劳动力市场现状是分割的，呈现二级分化的状态。一级劳动力市场对人力资本的要求较高，次级劳动力市场的人群则主要是非熟练，没有特殊技能的就业者，一般是拥有农村户口的外来务工人员。农民工的劳动工资低，工作环境差，就业不稳定，可替代性强，主要是受限于本身的受教育水平和职业技能水平，因此，基本没有可能进入一级劳动力市场，而在次级劳动力市场出现供大于求的现象。次级劳动力市场没有正规的就业体系，工资低且不合理，甚至没有就业合同，农民工的权益易受到侵犯。

第三节　农民工贫困产生的自身因素

首先，农民工受自身条件限制，知识文化水平不高，职业技能受限。农民工来到城市之前主要从事的是农业生产，来到城市后从事的工作基本上与农业不相关，主要依靠体力劳动维持生计。农民工长期工作类型单一，附属于机器设备，各方面技能、能力很难得到锻炼、提高。此外，农民工获得培训和再教育的机会十分有限，无法发展多方面的能力。因此，农民工，尤其是建筑业农民工，只能在青壮年凭借体力从事简单的劳动以养家糊口。

其次，农民工的社会支持和社会网络受限。农民工进城之后，原先的社会网络难以发挥作用，大多数都是背井离乡独自一人在外打工，原有的认同感和安全感也降低，难以迅速建立新的社会关系获得有效的生活帮助和精神支持。农民工在城市容易产生"边缘人"的自卑感，形成自我隔离的状况，回避与城市居民交往，精神生活匮乏，这种交流的缺失限制了他们的发展空间，农民工与城市居民的距离逐渐增大。

最后，农民工的家庭负担较重。一般在外务工的建筑业农民工大多为家庭中的年轻力壮的男性，他们承担着子女教育和养老的重任；而且，农民工的家庭人口一般较多，农村社会保障制度不健全，保障水平低。随着近年来教育和医疗成本的逐年增加，以及子女结婚成家的费用与日俱增，农民工的家庭负担更加繁重。农民工务工收入微薄，为了补贴家庭而不得不省吃俭用。

第四章

多维贫困测度方法的
探索与确立

多维贫困理论的研究成果告诉我们，仅仅通过收入来衡量和反映建筑业农民工贫困问题是远远不够的，农民工的贫困问题是多方面原因导致的，单一通过收入来衡量不足以反映其他方面的贫困致因。多维贫困测量比传统的以收入定义和测量贫困更能准确地反映农民工贫困问题的现状和成因等，而且多维贫困测量并不是对收入贫困测量的代替而是重要的补充，尤其能够使扶贫政策找到优先干预的领域，因而多维贫困测量是必要而且有意义的。

第一节　国外关于贫困的多维测度研究及其完善

以多维视角研究及测度贫困是由国外学者最先提出的。国外学术界对贫困问题的研究由来已久，概括来说，曾出现过两次大的高峰：（1）从20世纪70年代~80年代中期，学术界围绕贫困概念展开研究，涌现了一系列非常有价值的学术思想；（2）从20世纪80年代中期~20世纪末，学术界开始对各种贫困概念进行整合和应用，并就理论应用过程中的各种减贫政策展开激烈争论（Kanbur，2002）。尽管学者们在贫困实质及减贫政策上的观点不尽相同，但是，对贫困的认识却在不断深化，而且这种认识的方向是基本一致的：从将贫困看成一种静止状态到视为一个动态过程；从一种客观状态到某些主观感受；从一维视野扩展到多维视野。

在国外传统的研究中，对贫困的规定多是一维的贫困线或贫困准则，传统衡量贫困的方法依据是收入标准和消费标准。此后，越来越多的研究表明，一维衡量方法不能充分反映其他维度的贫困。因此，阿马蒂亚·森提出能力分析法，引起众多学者对多维贫困的关注，并就如何进行多维贫困的测量展开了讨论和探索（Wagle，2008）。如今，多维贫困问题的研究已成为国际减贫研究的热门课题，文献纷繁庞杂，它们大致可分为两个脉络：一是多维贫困理论的发展和多维贫困测量方法的确立，如在阿马蒂亚·森提出的多维贫困理论之后，阿尔凯尔和福斯特（2008）明确提出了多维贫困的 AF 测量方法；二是多维贫困的测量指标的确立和完善，如多维度贫困指数（MPI）等的确定，这方面的研究成果尤为丰富。下面分别对其进行综述。

一、多维贫困理论及其对贫困的最初识别

（一）在能力方法理论基础上提出的多维贫困的概念

1998 年诺贝尔经济学奖获得者阿马蒂亚·森（1999）提出了能力方法理论，阿马蒂亚·森把发展看作扩展人们享有实质自由的一个过程，实质自由包括免受困苦——诸如饥饿、营养不良、可避免的疾病、过早死亡之类的基本可行能力。森认为，贫困是对人的基本可行能力的剥夺，而不仅仅是收入低下。除了收入低下以外，还有其他因素也影响了可行能力的被剥夺，从而影响到真实的贫困。森对贫困的定义方法称为能力方法（the capability approach）。在能力方法论的基础上，森提出了多维贫困（multidimensional poverty）的概念，即穷人遭受的剥夺是多方面的，包括健康较差，缺乏教育，不充足的生活标准，缺乏收入，缺乏赋权，恶劣的工作条件以及来自暴力的威胁。多维贫困的概念是随着贫困理论的发展而逐渐被提出来的。

阿马蒂亚·森在 20 世纪末创立的多维贫困（multidimensional poverty）理论，对多维贫困给予了完整的界定。森的研究除了收入低下以外，还有其他因素也影响了可行能力的被剥夺，从而影响到真实的贫困。森的研究注重个体差异，强调贫困是收入与物质缺乏或其他因素造成的个体基本可行能力的被剥夺。森提出了以能力方法定义贫困的多维贫困理论，其核心观点是，人的贫困不仅仅是收入的贫困，还包括多重的其他客观指标的贫困和对福利的主观感受的贫困。

（二）贫困概念由一维向多维的演进

贫困概念的确定是贫困测量的基础。长期以来，国外研究贫困问题的

学者将贫困理解为一维概念。传统的贫困概念是指收入过低，即家庭收入低于某个标准。以收入度量贫困，其隐含的假设是：凡是贫困线以上的个体都能够通过市场购买而达到最低功能性的福利水平。在一维概念框定下，贫困仅指经济上的贫困，依据一个人维持生计所需的最低收入或消费水平即贫困线（阈值）作为衡量贫困的标准（Mollie Orshansky，1963）。如世界银行曾根据33个发展中国家贫困状况的研究结果，规定1天1美元作为极端贫困（extreme poverty）的标准和1天2美元作为贫困（poverty）的标准。

　　在一维贫困研究的基础上，人们越来越深刻地认识到仅仅用收入来表征福利是远远不够的：一方面，收入作为度量福利或福利缺失（贫困）的一个维度显得过于狭隘，它并不能完整地反映其他维度的问题，如预期寿命、识字率、公共产品的提供、自由与安全，等等；另一方面，收入这个单一维度本身，在某些情况下又显得过于宽泛。比如，若按给定的收入贫困线标准，某些贫困线以上的个体（家户）并不在贫困之列，但由于其可能将一部分收入用于非必需品的消费从而导致贫困。因此，现在学术界在审视贫困时往往会选择多个不同维度，致力于寻找相关维度具有代表性的变量，并在这些具体维度之下确定贫困主体。福利的缺乏被视作贫困的另一个维度（Sumner，2006）。一些学者认为，首先，福利是一个多维概念，因为一些福利的获得取决于其收入水平；而另一些福利的享用，如一些公共产品的享用、在存在配给制的社会里的住房供给等，都与货币变量无关。可见，福利是个多维概念，除由收入水平决定外，还可能包含公共产品的提供、住房供给、扫盲和平均寿命等。相应地，贫困也是一个多维概念。此后，Atkinson和Bourguignon进行了经济不公平多维度比较（AtkinsonA. B and F. Bourguignon，1983）；基于以上对贫困概念的探讨，阿马蒂亚·森将贫困定义的逻辑进行了进一步延伸，即"贫困——福祉被剥夺——基本需要——能力"（Sen，1999）。从多维角度把握贫困的实质，逐渐为学术界所认同。

（三）研究者对贫困进行多维测量的原因及方法

　　在以往的贫困测量中，关于贫困线的确定，由于主观评价方法的使用，没有将其与客观的贫困标准分离开，许多用货币尺度度量明显位于贫困线以下的个体或家户，当他们接受PPA（参与式评估）采访时声称，他们从来没有考虑过他们是不是贫困。因此，在后来的研究中，众多的学者之所以热衷于测量多维贫困，主要是基于以下几个原因：（1）阿马蒂亚·森和福斯特认为，之所以测量多维贫困，是因为穷人所受的剥夺是多方面的，而且每个方面都很重要；（2）任何单一维度的贫困测量与贫困的多维度本身是不匹配的，例如，对印度和秘鲁的研究表明，许多在教育、健康等方面能力贫困的人并不是收入贫困（Martin Ravallion，2005）；（3）即使收入是多维贫困的一个很好的代理变量，但是仅仅用收入，不足以反映其他方面的剥夺和排斥（Esfandiar Maasoumi，1986）；（4）人类发展指数是对收入贫困测量的一个重要补充，但仅仅包括收入、健康和教育三个维度，这与阿马蒂亚·森提出的影响人类发展的许多基本可行能力相比，还远远不够（Alkire and Roche，2011）；（5）多维贫困测量是对收入贫困测量的一个重要补充，而不是代替（Thorbecke，2008）；（6）多维度测量贫困，能够使公共政策找到优先干预的领域（Alkire，2012）。

第一，多维贫困概念的测度依据。国外研究在多维贫困的测度上，是通过设计一个综合指标或指数来涵盖福利的几个主要方面，就这个指标或指数确定一个贫困线作为测度贫困的标准。如联合国开发计划署于1990年推荐的人文发展指数，美国海外发展委员会于1975年提出的生活质量指数和美国宾夕法尼亚大学埃斯特斯（1991）在《世界社会发展报道卡片》中给出的社会进步指数等，都是从不同的角度来反映福利的指数，其中，人文发展指数（HDI）是由出生时的预期寿命、成人识字率和以购买力平价折算的实际人均国内生产总值三项指标合成的。

第二，贫困的各维度的选择方式。为了确定贫困的相关维度，一般研究都是先确定一些可以接受的标准，从概念上明确所需要考虑的各个维度，然后再通过数据处理来甄别究竟哪些维度是必需的，最优的维度个数是多少。不同的研究者讨论的方式和角度均有所差异。纵观国外的研究，维度的选择一般有三种不同的方式。（1）专家认定方式。研究者基于其所研究的专业领域、已有文献等确定不同的维度。阿尔凯尔（Alkire，2002）在森所提出的功能与能力的基础上给出了139个人类发展的维度；Clark（2002）给出了15个维度。目前学界通常参考的是Nussbaum（2003）所界定的10个基本维度，包括身体健康、正常寿命、情感、感知、想象及思考、玩耍、控制个人环境等方面，如Hulme和McKay（2008）。（2）基于权利的方式。根据一些被广泛接受的标准来确定的贫困维度，如联合国全体成员国一致通过的千年发展目标（MDGs）。（3）参与式选择方式。被访者亲自参与到与贫困有关的项目和计划之中，由被访者自己确定与其自身相关的维度。随着 Sen 所强调的能力与功能在贫困分析中所占有的主导优势地位的增强，越来越多的社会学家和人类学家都开始试图从主观的参与式评估（PPAs）的角度来描述贫困的多维特征。PPAs 的研究方法已成为研究多维贫困的主要范式（Thorbecke，2008）。

第三，多维贫困的测量方法。森提出多维贫困理论后，面临的最大挑战是如何对多维贫困进行具体测量。2007 年 5 月，牛津大学贫困与人类发展中心（oxford poverty and human development initiative，OPHI）主任阿尔凯尔和福斯特（2008）提出了多维贫困的识别、加总和分解方法。此后，Alkire、Sabina、Maria Emma 三位学者提出了多维贫困发生率（H）和贫困人口福利平均被剥夺的程度（A）两个概念。其中多维贫困发生率是指处于多维贫困的人口所占的比重，而贫困人口福利平均被剥夺程度是指用各项指标来衡量的贫困人口福利平均被剥夺的程度。多维贫困指数（MPI）是用 H 和 A 相乘得到。

1. 多维贫困测量方法基本思路

在阿马蒂亚·森提出能力方法之后，许多学者对他的理论提出了批评，认为这一理论过于抽象，无法在实践中应用，面临的最大挑战是如何对多维贫困进行测量。自从 Bourguignon 和 Chakravarty（2003）将多维贫困的度量问题推向了更具有操作性的一步，阿尔凯尔和福斯特（Alkire and Foster，2008）发表了《计数和多维贫困测量》一文，明确提出了多维贫困的测量方法，这就是至今仍被广泛使用的《人类发展报告》中编制 MPI 使用的 Alkire - Foster 方法，简称 AF 方法。此后，多维贫困的具体度量已经成为近年来贫困问题研究的一个焦点。在贫困的多维度量过程中，人们考虑的是不仅要解决一维贫困度量中存在的那些问题，更要分析不同维度变量之间的内在相关性等更为复杂的新问题。

2. 多维贫困识别的方法探索

扶贫开发的首要任务是识别贫困人口，只有准确地识别穷人，才有可能使扶贫政策和扶贫项目瞄准穷人。世界各国通常的做法是通过收入贫困（或消费贫困）线来识别穷人。这种一维的识别方法，常常带有鲜明的主观特点。近年来，一些研究除了在分析贫困问题上取得了方法论上的显著进步外，对于鉴别哪些是穷人，穷人具有什么样的特质，以及如何在不同的加总水平上度量贫困等问题上，也建立了一套非常成形的、规范的、现代化的多维分析工具（Thorbecke，2008）。贫困往往是一个长期的、动态的过程，越来越多的证据表明，发展中国家的短期贫困比长期贫困更加广泛，持续相当长一段时间处于贫困的家庭所占的比例非常小，但在一段时间之内曾经陷入贫困的家庭所占的比例又非常大，在贫困研究中引入多维度量的概念之后，这更是一个难题（McKay and Lawson，2003）。识别贫困最简单的方法是"交"方法和"并"方法（阿尔凯尔和福斯特，2004）。"交"方法认为，贫困者必须是其所有的维度都处于贫困；"并"方法则认为，只要有一个维度处于贫困的个体就为贫困者。很明显，"交"方法会低估贫困的程度，而"并"方法会极大地高估贫困的程度。阿尔凯尔和福斯特使用的则是"双界线"（dualcut-off）方法，即首先选择每个维度的贫困线，以确定个体在各个维度下的贫困状况，然后选择维度贫困的临界值，将一定数目及以上维度处于贫困状态的个体确定为贫困者。

在具体的识别贫困的技术处理上，相关的技术方法主要有三类：模糊集理论（Eurostat，2003）；完全模糊及其相关方法（totally fuzzy and relative approach，TFR，2004）；基于社区的身份认定（community-based identification，2003）。

3. 最优维度的选择

在多维度贫困方法和指标逐渐成熟并得到学术界认可后，另一个问题就是通过处理实证数据得到最优的维度个数。莱利（Lelli，2001）、多伊奇（Deutsch，2005）和卢奇（Luzzi，2008）等使用因素分析法确定最优维度。最优维度的基本要求是：这些维度既能充分捕捉所有相关信息，又能避免共线性及重复计算等问题。尤其是当有许多维度而这些维度之间又有所重叠时，如收入与健康水平，教育水平与收入，这一问题更是突出。从技术上而言，可选用的方法有四种：因素分析法、聚类分析法、结构方程模式和多指标多因子模式。切廖利和扎尼（Cerioli and Zani，1990），巴雷特和帕特奈克（Barrett and Pattanaik，1989）最早将模糊集应用于讨论贫困、偏好及选择的问题，其后莱利（2001）则讨论了这两种方法用于评价森的能力方法时的异同。另一个可行的方法就是在聚类分析（cluster analysis）中做类似的工作。

除以上测量多维度贫困的最优方法之外，一些学者还提出了新的方法作为研究的补充。这些方法主要包括：（1）完全模糊方法（totally fuzzy approach，TFA）。该方法和利用贫困线进行识别的方法有同样的缺陷，即要确定模糊集的上下界。除 TFA 方法外，彻里和勒密（cheli and lemmi）还使用完全模糊与相对方法（totally fuzzy and relative approach，TFR）。（2）利用生产效率分析中的距离函数进行测度的效率方法，以及统计分析方法（如主成分分析、多元对应分析）等。（3）莱利（2001）、多伊奇（2005）、卢奇（2008）等使用因素分析法确定最优维度。

二、国外多维度贫困测量方法的缺陷

多维贫困指数是对收入作为测量贫困度的传统方法的一个重要补充。《人类发展报告》（2011）的多维贫困指数表明，它更加生动地反映了贫困人口受剥夺的情况。多维贫困指数对环境剥夺有了更加深入的了解和测量。多维贫困指标体系涵盖了收入、教育、健康、资产、生活标准和社会参与六个大的方面，能够动态地真实反映贫困的持久性和多重性。多维贫困指标体系的缺点主要体现在以下两方面。

第一，维度的选取存在覆盖面的缺陷。多维贫困指数构造过程中，关键之一是指标选取。指标不仅要能客观反映特定国家或地区的多维贫困状况，还要能便于相互间比较的通用指标。广为人知的人类发展指数是由人均 GDP、预期寿命和教育三个维度构成。在多维贫困的维度选择中，除最基本的收入或支出外，一般还考虑住房、教育、健康、环境等。在现代文明社会中，就业、人身安全、赋权、体面出门的能力和心理等主观福利，也是人们关心的生存权利。但是，由于个体及家庭微观数据的不可获取性，无法对其中的许多维度进行测度，也就相应地不能被纳入多维贫困指数中。

第二，统计数据的可得性存在着时效的偏差。多维贫困指数是基于现有家庭统计调查，对这一反映人的可行能力扩展方面的许多指标，由于数据不可获得，因此，还没有被纳入测量范畴。另外，权重的设定也存在改进的空间。多维贫困指数受限于各国统计数据的可得性，部分国家的数据十分陈旧，无法反映当前的贫困状况。例如，对于中国多维贫困的测量，采用的是 2003 年世界卫生调查（WHS）数据，这一数据离当前中国的状况已超过 10 年。

三、国内学术研究中对农民工贫困问题的争论

研究农民工多维度贫困问题是摆在我们面前的重要的新课题。近年来，在农民工贫困的研究中，理论层面与政策层面都存在很大的争议，这些争议主要集中在以下四个方面。

（一）来自劳动力价格市场调节机制的争议

有人认为，我国目前的经济增长对农民工减贫是有利的。这种观点对农民工的贫困停留在物质一维层面上，认为近年来农民工工资增长幅度较大，近期出现的"民工荒"表明，劳动力市场价格，会由供需自动调节，因此减少农民工贫困也要考虑市场自动消化贫困的作用（占少华，2008）。有学者认为，这是一种片面的静态的贫困观，只一味强调单个个体的资源占有量，而没有将对"贫困"的讨论扩展到"不平等""不公平""相对剥夺""社会分层"，从而使得"贫困"成为边缘性或依附性的概念（李征，2011）。还有的学者认为，以收入作为衡量贫困的标准，并不能真实反映出农民工的生存与发展状态。农民工的精神贫困不应受到忽视。

（二）来自公共用品支出的争议

迟福林（2011）认为，我国正经历着由私人产品短缺到公共产品短缺的历史性变化时期，农民工正成为城市贫困的主体，公共产品短缺是导致农民工贫困的突出因素。由于制度安排的缺失，广大农民工的发展机会和发展权益难以得到有效保护，因此，为农民工提供基本而有保障的公共服务，是新阶段城市减贫的重点所在。杨益（2010）认为，在我国公共用品短缺状态下，农村劳动力进城会引发与城市人口争公共资源，引发诸如房价上涨等现象，农民工与城市人口争资源不可避免，农民工减贫并非易事。

（三）来自经济增长客观带动减少贫困的争议

有的学者认为，当一个国家从低收入向中等收入阶段迈进时，减贫的主要动力是经济增长的"涓滴效应"，即经济增长会自动带来减贫效应。在这一阶段，由于大部分人处于贫困状态且收入分配比较公平，基本上没有必要进行贫困人口瞄准和测量（叶初升，2009）。但有的学者却认为，当一个国家进入中高收入阶段时，一般会经历收入差距不断扩大的过程，减贫不仅要靠"涓滴效应"，还要靠"收入分配效应"，要通过经济增长和收入分配的共同作用来实现减贫，这时就必须对贫困人口进行准确的测量和瞄准（王小林，2009）。

（四）来自能否用收入替代其他维度的争议

尽管对贫困的研究由一维到多维的转换是总的趋势，但仍有不少学者认为，单一的收入贫困标准能够替代其他维度对衡量福利剥夺的贡献，当然基于多维的认识，这种替代是指其他维度都可以通过一定的价格比例转化为相应的收入，即单一的收入就可以表现多重维度的凭空，设置多维度测算贫困是没有必要的。反对者认为，能够按照一定比例转换为收入的基本需要市场不存在，即使存在，这种转换媒介也会因商品的异质性、地区差异等决定了难以确定统一的衡量、换算标准（方迎风，2012）。

上述争议产生的根源，我们认为在于很多人没有认识到农民工贫困的多元性、动态性。学术研究中更是缺少一个标准的衡量体系和具有针对性的测量指标体系。对于城镇化进程中的农民工，是任其挣扎在社会底层随其沉浮，还是有序地引导他们摆脱贫困的各种因素的困扰，使其真正融入社会？导致农民工贫困发生的机理到底是什么？农民工贫困是否会反噬经济增长并侵蚀城镇化的成果，甚至形成增长与贫困的恶性循环？经济增长如何惠及所有劳动者而不是仅利于富人，并以提高民生福祉为目标？对于以上问题，现实需要我们考察多维贫困对农民工综合福利的剥夺，为农民工减贫政策的制定提供依据。

诚然，要研究我国的农民工贫困问题，可以参考国外的研究方法和成果，国外研究成果积累了非常丰富的资料和文献，但我国的国情与西方国家存在很大的差别，特别是农民工这个特殊的就业群体，其数量庞大，行为规律与西方国家的工人群体、弱势劳动力群体，乃至像拉美、印度等一些发展中国家的弱势劳动力群体，都存在很大的差别。国外的研究结论很可能不适用于中国，我国农民工自身的特殊性决定了我们在进行学术研究时不能照搬国外研究成果，而是要针对中国农民工多维度贫困的现实开展独立的思考和研究。

总之，以我国农民工为研究对象，通过理论分析和实证检验来考察农民工多维度贫困对其生存和发展的影响，探寻我国实现共同富裕的最佳路径，并通过国际比较来考察经济增长对贫困的影响，探索包容性增长模式的最佳路径是十分重要的课题。本书的研究，不仅适应中国现实需要，更能填补相关研究的空白，为推动我国在农民工多维贫困研究上做出方法论上的贡献。基于以上考虑，本研究具有重要的理论意义和实践价值。

第二节　国内多维贫困研究现状及最新进展

我国以往对农民工贫困问题的研究大多包含在对城乡贫困问题的总

体研究之中，传统的对贫困的测量，大多用以收入/消费为准则的一维度量方法。从多维角度把握贫困的实质，逐渐采纳国际测量方法和准则，则是近几年开始的。一些学者开始将国际测量多维贫困的方法运用到中国贫困问题的研究中，用以探究中国贫困存在的动因。与此同时，一些学者开始关注农村转移人口问题的研究，对农民工问题给予高度关注。国内对贫困的测量，大体上包括三个方面：贫困维度的确定，贫困主体的确定及多维贫困度量。纵观国内学者的研究成果，偏重于度量研究过程中遇到的问题与难题，及所用分析工具与分析方法的最新进展，并做出简要评价。

一、人们对贫困的识别与度量进行了较成熟的研究

近年来，国内一些学者在贫困识别和测度上做了大量有益的探索。国内很多技术性和学理性的文献都致力于讨论一维情形下的贫困度量问题，例如童星、林闽钢（1993）撰写的《我国农村贫困标准线研究》提出"贫困是经济、社会、文化落后的总称，是由最低收入造成的缺少生活必需品和服务，以及没有发展机会和手段的一种生活状况"。自布吉尼翁和查克拉瓦蒂（Bourguignon and Chakravarty，2003）研究多维贫困的度量问题以来，也有学者用类似于一维贫困下的贫困指数和公理性推导的方式，构造了一些多维贫困指数（陈立中，2008）。然而，事实上，一维与多维之间存在很多关键性的差异，多维贫困的度量面临不少新的难题。王小林（2006）采用阿尔凯尔和福斯特（Alkire and Foster）于2007年开发的多维贫困测量方法，利用2006年中国健康与营养调查数据，对中国城市和农村家庭多维贫困进行了测量。测量结果表明，中国城市和农村家庭都存在收入之外的多维贫困，城市和农村近1/5的家庭存在收入之外任意3个维度的贫困。王素霞、王小林（2014）对多维贫困测量方法进行了系统的文献综述，并将资产作为一个重要维度纳入测量体系，采用AF法对我国居民进行测量，得出了两大重要结论：一是卫生设施的改善大大降低了我国的多维贫困指数；二是我国农村地区的多维贫困指数远高于城市地区，所以农村仍然是扶贫的重要区域。范晨辉、薛东前、马蓓蓓（2015）基于我国各省居民家庭收入、饮水状况、医保状况、受教育程度、住房面积，以及厕所和电灯的拥有状况这七个维度，利用Rasch模型对多维贫困进行测

度，发现家庭的贫困状况大体与省份经济发展水平一致，经济越发达的省份贫困指数越低。

二、从利贫增长角度研究减贫政策取得了新的进展

判断一个国家经济增长是否有利于穷人，首先需要对有利于穷人的经济增长进行定义；其次需要根据定义确定测量方法；最后对数据进行测量，进而给出明确的政策含义。一些学者首先对传统的研究方法进行了反思。一些研究表明，以一个由若干经济变量及其他福利变量合成的综合指标或指数及其相应确定的一条贫困线来测度贫困，其实质仅是在比收入贫困更广的意义上界定贫困，即拓展了贫困的外延，但仍然是将贫困视为一个一维概念（王小林，2006）。将贫困视为一个多维概念要求对每个选中的福利变量均确定其相应的贫困线，当一个人有一个福利特征值低于相应贫困线时，他就属于贫困人口，即多维贫困应被定义为一个人有某个福利特征值小于相应的阈值。可见，有必要重新研究多维贫困测度指标（尚卫平，姚智谋，2005）。

三、国内对农民工贫困问题的研究涵盖面较广

金莲（2007）研究了城镇农民工的贫困测度问题，根据相关机构发布的食品定量标准，确定了贫困群体的最低食品消费量，并根据价格数据测算出最低消费额，以此作为标准来考察农民工贫困。樊丽淑、孙家良、高锁平（2008）撰写的《经济发达地区城市农民工贫困的表现特征及根源》把农民工贫困问题分解为了经济、能力资源、社会权利、社会交往和心理素质等多个方面与层次进行考察。李善同（2009）则在《农民工在城市的就业、收入与公共服务——城市贫困的视角》中认为农民工是跨越社会环境最大的群体，由于多种因素的影响，他们的工资水平往往比较低，有着较大的陷入贫困的风险。康建英（2009）则从人力资本和社会资本的角度研究了农村向城市移民过程中的贫困问题。王雨林（2004）从政治、经济、社会和文化四个维度，林娜（2009）从物质贫困、权利贫困和精神贫困三个维度研究了农民工贫困问题，王雨林和林娜均主要是从概念框架角度进行了多维度农民工贫困问题的研究。杨洋、马骁（2012）在成都抽样调查数据基础上的研究发现，流动人口已经成为城市贫困的一个重要来

源，流动人口与城镇人口在收入、资产、住房与社会保障方面有较大差距。王美艳（2014）从收入、社会保险等多个维度研究了农民工贫困的影响因素，并与城市居民进行了比较，发现按常住人口计算，农民工的多维贫困发生率与城市居民差异很小，但是考虑到消费、社会保险及教育等因素，农民工的贫困状况则十分严重。王春超、叶琴（2014）利用 AF 多维贫困测量方法估计中国 9 省的劳动者在收入、健康、教育、医疗保险四个维度的多维贫困，对比分析农民工和城市劳动者多维贫困的状况，将 AF 方法应用到了农民工的贫困测量中。侯为民（2015）基于城镇化背景下的农民工，综合考察了农民工群体的多维贫困问题，对农民工多维贫困的具体特征及主要成因进行了较为全面的分析，并提出了加快户籍改革、提供生活保障等具体措施来应对农民工的多维贫困问题。

国内学者对农民工贫困相关问题的研究视野还涵盖了贫困测量方法（王小林，2009；孙秀玲，田国英，潘云，张振，张文丽，2012；陈立中，2008；郭建宇，2012；王春萍，2009）；减少贫困策略研究（胡鞍钢，2010；李周，孙若梅，高岭，1997；邓曲恒，李实，2010；杨穗，2009；吴国宝，关冰，谭清香，2008）；利贫增长研究（郑秉文，2009；王小林，2009）。

总体上来说，国内已有的对农民工多维贫困的研究更侧重于概念框架的探讨，通过建立系统的多维贫困指标体系，以及利用第一手调查数据来全面研究农民工贫困问题的研究，到目前为止，并不多见。

第三节　多维贫困的测度方法的确立

多维贫困测量首先需要通过实践调查获得个体或家庭在每个维度上的取值，然后对每个维度定义一个贫困标准，根据这一标准来识别每个个体或家庭在该维度上是否贫困。多维贫困的测量方法和步骤如下。

一、各维度的福利取值

让 $M^{n,d}$ 代表 $n \times d$ 维矩阵，并且令矩阵的元素 $y \in M^{n,d}$，代表 n 个人在 d 个不同维度上的取值。式中，对于 y 中的任一元素 y_{ij}，表示个体 i 在维度 j 上的取值，$i=1, 2, \cdots, n$；$j=1, 2, \cdots, d$。

二、贫困识别

第一，每一个维度贫困的识别。令 z_j 代表第 j 个维度被剥夺的阈值或者贫困线。对于任何矩阵 y，可以定义一个剥夺矩阵：$g^0 = \left[g_{ij}^0 \right]$。其典型元素 g_{ij}^0 的定义是：当 $y_{ij} < z_j$，$g_{ij}^0 = 1$；当 $y_{ij} \geq z_j$ 时，$g_{ij}^0 = 0$。

对于这个剥夺矩阵 g^0，可以定义一个列向量代表个体 i 忍受的总的贫困维度数，即第 i 个元素的值为 $c_i = \left| g_i^0 \right|$。

第二，多个维度被剥夺的识别。上述剥夺矩阵 $g^0 = \left[g_{ij}^0 \right]$ 中的每一个元素代表了每个个体在每个维度是否存在被剥夺，是一种单一维度的方法。下面导入多维的方法，即同时考虑 k 个维度，该个体是否存在被剥夺。令 $k = 1, 2, \cdots, d$，ρ_k 为考虑 k 个维度时识别穷人的函数。当 $c_i \geq k$ 时，$\rho_k(y_i; z) = 1$，个体 i 为穷人；当 $c_i < k$ 时，$\rho_k(y_i; z) = 0$，个体 i 为非穷人。也就是说 ρ_k 既受 z_j 的影响，又受跨维度 c_i 剥夺情况的影响，因此，称为双重阈值方法。

三、贫困加总

在识别了各维度的被剥夺之后，需要进行维度加总，得到多维综合指数。最简单的加总方法是按人头计算的多维贫困发生率（H）：$H = H(y, z)$；$H = \dfrac{q}{n}$。其中，q 是在 z_k 之下的贫困个体数（即同时存在 k 个维度贫困的个体数）。

在 FGT 方法基础之上，为了克服其不足，阿尔凯尔和福斯特（Alkire and Foster, 2007）提出了一种修正 FGT 的多维贫困测量方法。公式如下：
$$M_0(y, z) = \mu \left[g^0(k) \right] = HA$$

M_0 即为调整后的多维贫困指数。它由两部分构成：一部分为 H（贫困发生率）；另一部分为 A（平均剥夺份额），$A = \left| c(k) \right| / (qd)$。

式 $M_0(y, z) = \mu \left[g^0(k) \right] = HA$ 是对贫困发生率 H 用平均贫困距（G）进一步对 M_0 进行调整，得到：
$$M_1 = \mu \left[g^1(k) \right] = HAG$$

其中，$G = \left| g^1(k) \right| / \left| g^0(k) \right|$，$g_{ij}^1 = (z_j - y_{ij}) / z_j$

若对 M_0 用平均贫困深度（S）进行调整，可以得到：

$$M_2 = \mu\left[g^2(k)\right] = HAS$$

其中，$S = \left|g^2(k)\right| / \left|g^0(k)\right|$，$g_{ij}^2 = (g_{ij}^1)^2$

综上所述，多维贫困指数有 M_0、M_1 和 M_2 等不同的形式。

四、权重

进行维度加总时，需要考虑的另一个问题是各维度的权重，本研究采用相等权重。

五、分解

多维贫困指数可以按照维度、地区、省份等不同的组进行分解。以地区（城市和农村）为例，令 u 表示城市数据矩阵，r 表示农村数据矩阵，则：

$$M(u, r; z) = \frac{n(u)}{n(u, r)}M(u; z) + \frac{n(r)}{n(u, r)}M(r; z)$$

基于以上多维贫困的测度方法，联合国开发计划署 2010 年《人类发展报告》中对全球 104 个发展中国家多维贫困指数的测算包括健康、教育和生活标准 3 个维度，共 10 个指标。2011 年努斯·鲍默（Nuss Baumer）等对几个非洲国家的能源贫困进行了测量。2012 年，阿尔凯尔和罗奇将 AF 方法应用到儿童贫困测量。2012 年，联合国儿童基金会在《儿童贫困和不公平——新视角》中，从多维贫困视角审视儿童贫困。目前国内对多维贫困的研究为数不少，主要是对国外多维贫困方法的应用。

第二篇
我国农民工贫困测度：
一维与多维标准

第五章

我国农民工物质贫困的
一维测度：收入标准

尽管我国的经济发展逐渐在向中高端迈进，经济总量也逐年攀升，但我们必须正确认识到，中国仍然是一个发展中国家。早在 2010 年，学者林兆木就表示仅用 GDP 作为衡量一国发展状况的主要依据具有较大的局限性：我国拥有世界 1/5 的人口，人口规模庞大，人均资源短缺；我国城乡二元结构典型，区域发展失衡；加上发展战略（承接国际资本和产业转移，大进大出、两头在外、出口导向）和发展方式（投资驱动，重化工业优先发展，粗放和速度型）等多方面因素，使得我们所面对的困难和负面效应也比其他发达国家突出许多。[①]

第一节　以收入作为衡量标准的农民工物质贫困

根据世界银行最新公布的 2011 年中国贫困数据显示：2011 年每天生活在 1.25 美元的极端贫困标准下的中国贫困人口有 8410 万人，占总人口的比重为 6.3％；2011 年每天生活在 2 美元的贫困标准以下的中国贫困人口达 2.5 亿人，占总人口的比重更是高达 18.6％，数量不可小觑。世界银行于 2015 年 10 月 4 日对其全球贫困线标准做出了 25 年来最大幅度的调整——贫困线标准从每日生活费 1.25 美元上调至每日生活费 1.90 美元[②]。贫困衡量标准上调很可能导致统计意义上的贫困人数增加。

---

① 林兆木. 评对中国经济的高估 [J]. 宏观经济研究, 2010 (9)：10.

② 澎湃新闻, http：//www. thepaper. cn/newsDetail_forward_1379051.

那么，究竟是哪些人组成了这庞大的贫困群体呢？根据国家2012年公布的《国家扶贫开发工作重点县名单》显示，我国贫困人口主要集中在中部、西部及民族八省区，当地的农民人均纯收入不足全国平均水平的60%，农民医疗支出仅为全国农村平均水平的60%。全国仍有3917个村不通电，连片特困地区有3862万农村居民和601万学校师生没有解决饮水安全的问题，近10万个行政村还没有通沥青路。可以说，当前的中国仍然面临着严峻的贫困问题的考验①。

上述地区除了是我国扶贫工作重点攻坚地区外，同时也是我国的劳动力输出大省。根据《2014年全国农民工监测调查报告》显示，我国现有农民工总数2.74亿人，成为仅次于农民的第二大劳动力群体，农民工规模增长如表5-1所示。农民工群体为我国第二、第三产业甚至是国民经济发展都做出了巨大贡献，但却因为种种原因一直享受不到合理的待遇，成为社会应该重点关注的"弱势群体"。中国长期致力于反贫困工作并且取得了世界瞩目的成绩。农民工贫困作为当前中国贫困问题的一个重要组成部分，一直也是国家扶贫的重要对象。

表5-1　　　　　　　　　　　　　农民工规模　　　　　　　　　　　单位：万人

分类	2010年	2011年	2012年	2013年	2014年
农民工总量	24223	25278	26261	26894	27395
1. 外出农民工	15335	25863	16336	16610	16821
（1）住户中外出农民工	12264	12584	12961	13085	13243
（2）举家外出农民工	3071	3279	3375	3525	3578
2. 本地农民工	8888	9415	9925	10284	10574

资料来源：国家统计局2014年数据。

物质上的贫瘠常常是贫困人群最先被人们捕捉到的特点。国家统计局的《中国城镇居民贫困问题研究》课题组和《中国农村贫困标准》课题组也是直接将贫困定义为"物质生活上的困难，缺乏某些必要的生活资料和服务。"在此，我们首先集中讨论物质贫困对于农民工贫困的影响。

―――――――――

① 扶贫办国际合作和社会扶贫司副司长刘书文.

一、农民工物质贫困的基本状态

自人类步入文明社会以来，贫困问题便一直如影随形。贫困是世界性的，它普遍存在于所有的国家、地区和民族之中，并且还会随着时间的推移而发生变化：旧的贫困即便被消除，新的贫困现象又会接踵而至。人类与贫困的拉锯战从来没有真正结束。

对贫困问题的研究最早可追溯到 15 世纪、16 世纪。16 世纪，空想社会主义者注意到资本主义制度的弊端，将贫困视为资本主义反理性原则的集中体现，对贫困做过政治经济学的研究。到了 16 世纪末，贫困开始成为政府关注的一个重要问题，当时的英国政府还颁布了《伊丽莎白济贫法》，通过征收济贫税及核发济贫费等政策抑制贫困增长。而到了最近几十年，贫困更是成为众多经济学家、社会学家和发展实践者，以及政府官员、非政府机构等共同关注的焦点问题，贫困的概念也正逐步从一种简单的"相对较少的收入"和"生活必需品的缺乏"的经济贫困向多维度和多元化的"权利和机会的被剥夺"的人类贫困转变。

贫困大致可分为绝对贫困和相对贫困。绝对贫困又称生存贫困，是指在一定的社会生产、生活方式下，个人和家庭依靠其劳动所得和其他合法收入仍然不能维持其基本的生存需要；而相对贫困则是指在同一时期，因不同地区、不同社会阶层之间或各阶层内部不同成员之间的收入差距而产生的贫困，指的是一个人或家庭的收入比社会平均收入水平少到一定程度时所维持的生活状况。

不同的领域对贫困问题的看法也不一样。在经济学领域，经济学家一般从福利的角度出发来理解贫困；而在历史学中，人们发现了在不同历史时期贫困拥有不同的表现形式；在政治学领域，人们对于贫困的看法和态度往往牵涉国民利益的分配甚至社会制度的性质；而从社会学的视角来看，贫困是一个复杂的社会现象，它集中体现了当时、当地的社会发展的特点。而将这几个学科的理解整合起来，便能得到关于贫困的一般定义，即贫困是一种伴随人类社会发生、发展的社会经济现象；是由于不能合法地获得基本的物质生活条件和参与基本的社会活动的机会，以至于不能维持一种个人生理和社会文化可以接受的生活水准的状态。

通常而言，一提到贫困人们自然联想到的会是对食物、服装、居住地和安全饮用水等基本生活必需品的缺乏。其实单从物质层面来考察贫困，也可以分为绝对贫困和相对贫困。林娜（2009）将物质上的绝对贫困定义为连基本生计都难以维持的生存状态，其衡量标准有每天摄入的食物量少于延续人体机能所必需（一个成年男子每天摄入大约 2000～2500卡路里的热量），世界银行规定的极端贫困或中等贫困线等；至于物质上的相对贫困还可以从收入的角度和消费的角度出发进行衡量。① 从收入角度来看，农民工的收入一般来说会比他留在家乡当农民的收入高，但是却与所在地的城市居民的收入相去甚远，出现一种收入上的相对贫困。此外，农民工群体通常具有强烈的储蓄意愿，攒钱上学、养老、医疗等，因此，他们选择了节衣缩食、几乎仅能维持温饱的消费方式。李善同等借助我国农民工调查数据及城市住户调查数据，分别计算了 31个省市区及全国的两条贫困线：食品贫困线和一般贫困线，对全国外出务工者的贫困状况做出评估。调查发现，从消费的角度来看，农民工的贫困发生率高达 50% 以上，即一半以上农民工的实际生活水平是低于贫困标准的。②

　　由于农民从农耕生产获取收益的难度远高于进城务工，使得近年来越来越多的农民选择离开农村前往城市务工。然而，从农民到农民工的身份转变，虽然带来了收入上的增加，但本质上却并未解决贫困的问题。当前，中国的城乡户籍制度限制了迁移人口取得城市户籍，农民工由外地迁入某个城市生活和工作后，若不能取得该地的户籍，就意味着这个城市在体制等诸多方面上并没有完全接纳他们。农民工必然会因为户籍的问题在就业、收入、社会保障及公共服务等多方面遭到排斥。③ 简而言之就是居住环境差、工作强度大、工资收入低及权益难保障。

二、中国农民物质贫困的历史积累

　　中国是一个贫困人口比重较大的发展中国家，受历史条件的影响，贫困人口主要集中在广大的农村。古籍《管子·小匡》中记载："士农工商四民者，国之石民也。""士农工商"四字对我国古代的国民结构进行了

　　① 林娜. 多维视角下的农民工贫困问题研究 [J]. 中共福建省委党校学报，2009（1）：51.
　　② 李善同等. 农民工在城市的就业、收入与公共服务——城市贫困的视角 [Z]. 新加坡国立大学东亚研究所：东亚论文，2008.
　　③ 李景治，熊光清. 中国城市中农民工群体的社会排斥问题 [J]. 江苏行政学院院报，2006（6）：61－66.

大致的归类，其排序不仅反映了各行业对当时社会贡献程度的大小，同时也体现了他们当时的社会地位。古代中国经济的发展，长期以农业为主，家庭手工业和商业发展为辅。正是因为有强大的古代农业作为经济支撑，才使得中华文化源远流长，铸就了灿烂的 5000 年中华文明史，中国古籍中也记载有"仓廪实而知礼节，衣食足而知荣辱""民以食为天"等说法。

无论是农艺水平还是单位面积产量，中国古代农业长期居于古代世界的前列，并通过古代外交（张骞通西域、郑和下西洋、玄奘西行、鉴真东渡等）对世界农业的发展产生了巨大的影响。现任中国农业历史学会副会长李根蟠先生认为，中国是世界农业的起源中心。

由此可见，在古代中国，农业发展一直是经济发展的重要支柱，农业文明更是成为中华文明的重要标志，农民这一群体虽然规模庞大但同时也能自给自足，衣食无忧。那么，缘何当今中国的农民会陷入贫困的深渊呢？

我国当代农民的贫困问题可追溯到 1949 年新中国成立时期。经过一百多年的英勇斗争，中国人民终于推翻了帝国主义、封建主义和官僚资本主义的统治，取得新民主主义革命的胜利，成为国家的主人。而此刻的华夏大地也是饱受战争的摧残，百废待兴。以 1978 年为分界线，我国农业发展可分为封闭经济条件下和开放经济条件下两个发展阶段。

（一）封闭经济条件下，我国农业发展方针的三次转变

在封闭经济条件下，我国的农业发展方针经历了三次变化。首先实行的是"工业领导农业，农业支持工业"方针。新中国成立伊始，为使我国迅速、有效地从战争的破坏中恢复过来，实施并完成社会经济发展任务，1949 年 12 月 22～23 日，周恩来在对参加全国农业会议、钢铁会议人员的讲话中，首次阐述了我国工农业的发展方针。周恩来指出："今天我们确定了城市领导乡村、工业领导农业的方针。""我们必须在发展农业的基础上发展工业，在工业的领导下提高农业生产的水平。没有农业基础，工业不能前进；没有工业领导，农业就无法发展。"[①]

1950 年 2 月，中国与苏联签订了《中苏友好同盟互助条约》，苏联将对中国 50 个大型工业项目进行援助，新中国的工业化建设宣布正式提上

---

① 建国以来重要文献选编：第 1 册［M］. 北京：中央文献出版社，1992：78－80.

日程。然而当时的中国一穷二白，工业化建设所需的资金只能由农业生产部门提供。同年 6 月，我国颁布了《中华人民共和国土地改革法》用以指导和推动全国土地改革。土地改革的完成使得我国 3 亿多无地、少地的农民无偿获得了土地及其他生产资料，实现了农民的土地所有制，极大地解放了农业生产力，大大地促进了农村的经济发展。

但在这一时期，我国处理工农业发展的方针是"工业领导农业，农业支持工业"。农业发展的最终目的是服务于工业化建设，这在"一五"计划的制定和实施过程中得到充分体现。1952 年 12 月 22 日，中共中央在编制 1953 年计划及五年建设计划纲要时指出："集中力量保证重工业的建设，特别是保证其中主要工程的完成，决不能理解为取消了国家建设的大规模性质，决不能理解为可以忽视轻工业、农业和地方工业的发展。"①尽管领导们意识到不能忽视农业发展的重要性，但本质上却并未改变"工业领导农业"的情况。"一五"期间（1953～1957 年），我国从计划、投资等方面都采取了向重工业倾斜的政策，工业发展的规模和速度远超出农业发展可支撑的能力，农业发展也因此表现出落后于工业发展的局面。②

从"一五"期间的数据我们可以观察到，"一五"期间我国的基本建设总投资为 427.4 亿元，其中工业部门为 248.5 亿元，占到投资总额的 58.2%，重工业中制造生产资料的工业投资比重更是高达为 88.8%。工业总产值由 1952 年的 270.1 亿元增加到 1957 年的 535.6 亿元，年增长率为 14.7%。而农业及副业总产值只由 1952 年的 483.9 亿元增加到 1957 年的 596.6 亿元，年增长率仅为 4.3%。③

由此可见，相较于我国工业建设的迅猛发展，新中国成立初期我国农业的发展进程可谓十分缓慢。随着工业基本建设的不断扩大，相应的农业的投入就得进一步缩小，而农业投入的不足又将直接影响农业产出，进而阻碍我国的工业化进程，成为一个恶性的循环。

面对这一情况，在党的八大前后，国家领导人反思了工业化进程中工农业的发展问题，开始实行"工农业并举"方针。1957 年 2 月，毛泽东在《关于正确处理人民内部矛盾的问题》讲话中指出："我国是一个农业大国，农村人口占全国人口的百分之八十以上，发展工业必须和发展农业

①　建国以来重要文献选编：第 3 册 [M]. 北京：中央文献出版社，1992：450.

②　高军锋.1949～1978 年新中国工农业发展方针的历史演变 [J]. 毛泽东思想研究，2011，3 (8).

③　刘国光. 建国十个五年计划研究报告 [M]. 北京：人民出版社，2006：60 - 61，252.

同时并举，工业才有原料和市场，才有可能为建立强大的重工业积累较多的资金。"① 同年 4 月，主管财经工作的陈云在总结过去七年的经验教训时首先就提到，"重工业多些，轻工业、农业少了些。特别是农业比轻工业更重要，建设轻工业并不困难，但是原料要靠农业，就有困难。实际上，主要是重工业与农业的比重"。② 由此可见，领导人们当时已经意识到农业发展的不足会制约工业发展进程的情况。

1958 年 5 月，中共八大二次会议正式通过了"鼓足干劲、力争上游、多快好省地建设社会主义"的总路线。全国城乡开始掀起群众性大规模的工农业建设运动，"工农业并举"的方针在实践中演化成工业的钢铁指标和农业的粮食产量，形成了乡村工业化非常规发展的局面。③ 与此同时，农村还掀起了一场声势浩大的人民公社化运动，农业生产遭到严重破坏，农业丰产不丰收，工业部门积累严重偏高，一时间国内物价横飞，通货膨胀严重，人民的生活水平急剧下降。1960 年成为全国粮食产量和人均粮食占有量最低的年份，农业总产值增长率为 -12.6%，粮食价格比国家计划的价格要高出 10~20 倍。④

既要将农业放在首位，又要确保重工业的优先发展，但二者间应该按照何种比例进行发展又没有具体的定论，这使得工农业在发展中矛盾重重。1960 年底，中共中央在京讨论 1961 年的国民经济计划，当李富春谈到经济计划的主要缺点是忽视农业发展时，毛泽东插话指出："不仅没有重视农业，而且是挤了农业，挤了农业的人力、物力，工业战线过长，面过广。"⑤ 到了 1961 年 1 月，中共中央在八届九中全会上正式将"以农业为基础，以工业为主导"作为工农业发展的指导方针。尽管如此，我国工农业关系总体上仍处于一种严重失调的局面。

1961~1978 年，我国工业化率从 34.64% 提高到 49.4%，提高了14.76 个百分点，与此对应的人均 GDP 也从 1961 年的 185 元提高至 1978年的 379 元，工业 GDP 份额从 1961 年的 29.7% 提高到 1978 年的 44.3%。1953~1978 年，我国工业部门就业的劳动者数量增长了 3 倍，年平均增长

① 毛泽东文集：第 7 卷 [M]. 北京：人民出版社，1999：241.
② 陈云文集：第 3 卷 [M]. 北京：中央文献出版社，2005：179.
③ 高军锋. 1949~1978 年新中国工农业发展方针的历史演变 [J]. 毛泽东思想研究，2011，3 (8).
④ 薛暮桥回忆录 [M]. 天津：天津人民出版社，1996：279.
⑤ 薄一波. 若干重大决策与事件的回顾：下卷 [M]. 北京：中共中央党校出版社，1991：894.

率为5.5%，固定资产原值增长了22.3倍，年平均增长率为12.9%。其中，唯独农业出现了下降趋势，农业GDP份额由1961年的36.2%下降到1978年的28.1%。[1]

拿1978年与1965年相比较，我国城市人口增加了4200万人，在总人口中的所占比率从18%下降到17.9%；而农村人口却增加了1.9548亿人，在总人口中的所占比率由80%增加到82.1%。由此可见，"农业为基础，工业为主导"的指导方针，并未带来想象中工农业协调发展的结果。[2] 伴随着中国经济的发展，在"优先发展重工业"方针指导下，工农业的发展逐渐拉开了差距。

（二）开放经济条件下，我国农业发展的两起两落

著名经济学家马晓河1996年撰写《改革开放以来我国工农业发展比例关系的演变》[3] 一文，深入解析了我国改革开放之后工农业发展关系的变革，该文深刻剖析了我国农业几十年发展历程及经济增长方式对农业的影响。

改革开放之后，中央围绕着调整工农业发展关系推出了一系列改革举措，主要集中在生产领域、投资领域及流通领域上。生产领域方面，由安徽小岗村开始的家庭联产承包责任制成为中国大陆农村广泛推行的一项重要改革手段，它调整了国家、集体和个人三者间的关系，将农民的利益同农业的发展紧密地联系在一起，极大地调动了劳动者的生产积极性，解决了农业发展动力不足的问题；与此同时，国家还大幅度提高农业投资，增加其在全社会投资中所占的比重，严格控制生产资料价格，显著降低农业生产成本，增强了农业自我发展的能力；在流通方面，国家先是较大幅度地提高农副产品的收购价格，直接增加了农民的收益，同时还连续多次压缩平价收购农副产品的品种和数量，使得市场调节范围不断扩大。

由于国家在农业方面的一系列强有力的改革，农业连续6年获得高速增长。1978~1984年，农业总产值增长了55.4%，年平均递增7.6%，成为建国以来农业发展速度最快的时期。农业改革的成功不仅解决了我国民众的温饱问题，还提高了农民的收入水平。1978~1984年，农民的人均纯收入从133.6元上升到355.3元，扣除价格上涨等因素，实际增长了

①　李强．我国农村产业结构与就业结构的偏差与纠正［J］．华南师范大学学报（社科版），1997：105-109.

②　周尔鎏，张雨林．城乡协调发展研究［M］．南京：江苏人民出版社，1991：19.

③　马晓河．改革开放以来我国工农业发展比例关系的演变［J］．当代中国史研究，1996（1）.

130.7%，年均递增15%。伴随收入的上升，农民手中开始逐渐积累起一部分的剩余资金，在农村劳动力大量富余的情况下，数以万计的农民带着资金走向了非农产业领域，蓬勃发展的工业、服务业和农村非农产业吸收了大量的农村转移劳动力，由此也造成了农村劳动力份额的迅速下降。总体来看，这一阶段的农业和工业发展呈现出一种相互促进、和谐发展的关系，如表5-2所示。

表5-2   改革初期工农业发展比例关系

年份	农业年均增长（%）	工业年均增长（%）	比例关系（以农为1）
1978	8.1	13.5	1:1.7
1979	7.5	8.8	1:1.2
1980	1.4	9.3	1:6.6
1981	5.8	4.3	1:0.7
1982	11.3	7.8	1:0.7
1983	7.8	11.2	1:1.4
1984	12.3	16.3	1:1.3
1978~1984	7.6	9.6	1:1.3

资料来源：各年《中国统计年鉴》。

在1984年农业再次获得大丰收后，我国的经济改革重心逐渐由农业、农村转向了非农业和城市。随着国内资金、技术等资源要素大量向工业领域倾斜，工业再度实现迅速扩张，按可比价格计算，工业产值以平均每年17.8%的速度实现增长。与此同时，农村的非农产业产值年均增长速度也高达29.3%。在工业和农村非农业发展形势一片大好的情况下，1985年起我国农业却出现了主要农产品产量徘徊或大幅减产的现象，粮食同比减产2820万吨，棉花减产211万吨，并且短时间内生产力并未得到恢复，反而出现了三年持续徘徊的局面，到1988年，我国农业的年均增长速度由改革初期的7.6%一度跌回到4.1%。该时期内，工农产业的比例关系明显高出改革开放初期，平均比例关系高达1:4.3，显然打破了工农业协调发展的关系，如表5-3所示。

表5-3   1984~1988年工农业发展比例关系

年份	农业年均增长（%）	工业年均增长（%）	比例关系（以农为1）
1984	12.3	16.3	1:1.3
1985	3.4	21.4	1:6.3

续表

年份	农业年均增长（%）	工业年均增长（%）	比例关系（以农为1）
1986	3.4	11.7	1:3.4
1987	5.8	17.7	1:3.1
1988	3.9	20.8	1:5.3
1984~1988	4.1	17.8	1:4.3

资料来源：各年《中国统计年鉴》。

　　此次农产品减产及农业增速的下降仍然是因为当时社会资源在工农业间的配置倾斜。根据国家统计局的调查资料表明，1984~1988年，我国工业投资从341.6亿元迅速增加到812.6亿元，增长了1.4倍，占国有单位投资总额的比重也由46%上升到51.6%；相反，农业投资同期只增加了10.4亿元，仅仅增长28%，所占比重反而还从5%下降到3%。受到行业比较利益的诱导，加上工农产品交换条件再度恶化的影响，手握剩余资金的农民也跟风投资了非农业产业领域。于是，从国家、集体再到个人，这三个层次的群体在投资偏好上都倾向于工业和非农产业，最终造成我国农业再生产资金匮乏，农产品生产能力下降，农业发展速度降低的惨淡事实。

　　工农业比例关系失调及农产品生产能力的下降，其造成的最直接的影响体现在农作物减产上，而随着工业和非农产业的迅猛发展，社会对农产品的需求量却在与日俱增，如表5-4所示。面对这日益扩大的供不应求的缺口，全国的零售物价开始了又一轮的上扬，1988年全国零售物价总指数同比上涨18.5%，食品类价格更是同比上涨23%，仿佛又在循环1960年的历史。

表5-4　　　　　　1983~1988年全国粮食产销情况　　　　单位：亿公斤

年份	国内产量	全社会消费量	产销差额
1983	3873	3584	289
1984	4073	3951	122
1985	3791	4008	-217
1986	3915	4066	-151
1987	4030	4078	-48
1988	3941	4086	-145

注：
1. 国内产量来自各年《中国统计年鉴》，社会消费量来自国家统计局各年《商业统计年报》。
2. 社会消费量包括：生产用粮（工业用粮、种子、饲料）、生活用粮（城镇、乡村居民用粮）。
3. 粮食指原粮。

在巨大的物价上涨压力下，我国国民经济被迫开始新一轮的调整，调整方向主要是压缩社会总需求特别是投资需求，抑制通货膨胀，把过高的工业速度降下来，千方百计扶植农业。1988～1990年，我国国有单位的固定资产投资仅增长了5.6%，而同期内的工业投资于1989年比上年减少了近130亿元，即使到1990年也仅比1988年增长了4.8%；与此相反，这两年的农业投资由63.31亿元增加到80.29亿元，增长比例达6.8%，如表5-5所示。

表5-5 国有单位工农业固定资产投资结构变动 单位：亿元

名称	1988年	1989年	1990年	1990年比1988年增长
总额	2762.76	2535.48	2981.64	105.6
农业	63.31	62.16	80.29	126.8
工业	1726.53	1597.01	1809.88	104.8

资料来源：各年《中国统计年鉴》。

此次的经济调整效果非常明显，1989年便结束了连续三年的农业产值徘徊状态，并连续四年喜获丰收，农业和工业的发展比例关系也由1988年的1:5.3降低到1990年的1:1.0。但随着经济调整的结束，1992年后，我国工业又再次进入"快车道"发展，工农业发展比例关系重新拉大，更于1994年突破了1:4，如表5-6所示。如此之高的比例关系绝不是一个健康的经济体系所应有的，我国工业发展过快而农业发展后劲不足的矛盾已日益明显。在如此反复的政策及经济形势下，农民对于农产品的生产积极性明显下降，许多农产品出现了供给不稳定甚至减产的现象，更是出现"南方不种粮，近郊不种菜""吃水果、喝菜汤，光着屁股奔小康"等现象。而这一现象的出现，与人们重工、重商、轻农业的思想行为有着密不可分的关系。

表5-6 1988～1993年工农业发展比例关系

年份	农业年均增长速度	工业年均增长速度	比例关系（以农为1）
1988	3.9	20.8	1:5.3
1989	3.1	8.5	1:2.7
1990	7.6	7.8	1:1.0
1991	3.7	14.5	1:3.9

续表

年份	农业年均增长速度	工业年均增长速度	比例关系（以农为1）
1992	6.4	27.5	1:4.0
1993	7.8	28.0	1:3.6
1988~1993	5.7	17.2	1:3.0

资料来源：各年《中国统计年鉴》。

更令人忧虑的是，伴随经济的高速增长，我国的宏观资源配置开始逐渐向工业乃至非农产业倾斜。这反映在投资方面，就是固定资产投资由经济调整初期向农业倾斜迅速变为向工业及非农产业偏斜，由此造成农业投资增长速度回落，其投资总额还在1993年急剧下降，如表5-7所示；反映在耕地资源方面，就是耕地资源流失速度明显加快，其面积大量减少，如表5-8所示。面对我国经济在宏观层次和微观层次上的变化，农业和工业最终在产业发展比例关系上也就不可避免地发生了失调。

表5-7　　　　　　　　国有单位固定资产投资情况

指标	单位	1990年	1991年	1992年	1993年
投资总额	亿元	2918.64	2638.11	5273.64	7657.97
比上年增长	%	15.1	24.3	45.4	45.2
农业	亿元	80.29	101.39	132.31	64.32
比上年增长	%	29.2	26.3	30.5	-51.4
非农产业	亿元	2838.35	3526.72	5141.33	7593.65
比上年增长	%	14.8	24.3	45.3	47.7

资料来源：各年《中国统计年鉴》。

表5-8　　　　　　　　我国耕地面积变动情况　　　　　　　单位：万亩

年份	年末实有面积	年内减少面积
1988	143582.7	967.1
1989	143484.0	776.3
1990	143509.4	701.1
1991	143480.4	732.0
1992	143138.7	1108.1
1993	142652.1	1098.6

资料来源：各年《中国统计年鉴》。

工业的迅猛发展导致产量过剩进而削弱了对农业的需求，同时，工业发展还抢占了大量的土地和水等自然资源，使得农业发展的环境日渐恶化。农业为农民提供的收入连年减少，农民对农业的兴趣持续下降。从1996～2000年，我国农民人均纯收入年均增长速度从9%一直下跌到2.1%，其中农民来自农业的收入还从1997年后出现了三年负增长：1998年农民来自农业的人均纯收入比上年减少30.3元，1999年比上年减少57.4元，2000年比上年再度减少43.9元。这是自改革开放以来从未出现过的现象。[①]

（三）从农民到农民工，夹缝中求生存

回顾新中国成立以后农业的发展，我们发现，农民离开农村进城务工，某种程度上来说既是自救，也是无奈之举。

先是新中国成立之初，在国家重点扶持重工业发展的情况下，农业发展长期处于滞后状态，加上20世纪60年代的三年经济困难，国家为应对当时短缺的经济，实行了严格的城乡分治的户籍政策，限制农业人口转为非农业人口，城乡之间人口的正常流动几乎停滞下来，到改革开放之初，农村人口占到全国总人口的82.1%。

改革开放之后，由于国家在农业上改革有力使得农业喜获6年大丰收，粮食等农产品的产销状况得到改善，农民们积攒了一定的资金。而当1984年首次出现卖粮难的情况时，严格限制农民流入城市的户籍政策并未有所改观，农村出现了劳动力过剩的局面。为维持生计，农民们利用积攒的资金因地制宜地办起了乡镇企业，成了"进厂不进城，离土不离乡"的农民工。

再到了20世纪80年代末、90年代初，社会重工、重商、轻农业的思想愈发严重，加上我国的宏观资源配置也逐渐向工业乃至非农产业倾斜，农业投资不足、耕地面积逐年减少、农民收入增长缓慢甚至出现了收入负增长的情况。与之相对的是我国第二、第三产业的蓬勃发展，对劳动力的需求也是空前上升。在这样的大环境下，大批农民们选择离开家乡和故土进城务工，但由于户籍政策的限制，他们虽然工作在城市，职业上是工人，但户籍上仍然保持着农民的身份，出现

---

① 顾焕章，马晓河. 新世纪农业发展的战略思路与农业政策调整［J］. 江苏行政学院学报，2003（2）.

了从农民到农民工的转变。如此转变，不得不说是农民在夹缝中求生存的无奈方式。

三、农民工陷入贫困状态的物质条件分析

农民工群体的出现，带走了农村的一部分贫困，为我国解决"三农"问题做出了巨大的贡献，与此同时也为推动我国城镇化的发展贡献了宝贵的青春年华。农民工进城后的收入水平与以往相较虽然有了很大的改观，但本质上却并未真正"脱贫"。由于无法取得迁入地的城市户籍，农民工在当地的生活、工作会在就业、收入、社会保障及公共服务等多方面受到排斥。① 这也意味着虽然他们为这个城市的建设和发展立下了汗马功劳，但这个城市在体制等多方面上却并未完全接纳他们。

从居住条件来看，农民工一般合租在城乡结合部，也有部分居住在城市中的平房或者地下室中，人均居住面积很小，往往不足 2 平方米。他们居住的区域一般缺乏基本的卫生条件和公共设施，往往是城市卫生的死角。在建筑工地上的农民工则大多住在工棚内，或住在自己用各种建筑材料搭建的棚屋内，采光和通风条件非常差，没有干净的饮用水，也没有卫生设施。② 还有一些农民工，为了节约居住支出同时方便工作，甚至寄居在城市的桥洞或者立交桥下，埋下了极大的安全隐患。2014 年国家统计局的调查数据显示，仍然有 44.6% 的农民工需要自行解决居住问题，并且雇主不会提供任何的住房补贴。

由于进城务工的农民大多缺乏教育或技术培养，因此，他们多从事一些高劳动强度的工作，如建筑业工人（占农民工总人数的 22.3%），靠劳动力赚钱。《2014 年全国农民工监测调查报告》显示，85.4% 的农民工的周工作时间超过 44 小时。而根据中国人民大学《首都农民工劳动报酬影响因素调查研究》课题组 2014 年的调查发现，99% 的工人日工作时间保持在 8 小时以上，并且有 60.3% 的建筑业农民工每月工作天数平均保持在 25～31 天，几乎没有周末。此外，农民工在法定节假日加班现象也非常普遍，76.7% 的工人表示会因为加班而无法享有法定节假日，并且有 69.4%

---

① 李景治，熊光清. 中国城市中农民工群体的社会排斥问题 [J]. 江苏行政学院院报，2006（6）：61 – 66.

② 朱信凯，陶怀颖. 农民工直接问卷调查情况分析 [A]. 国务院研究室课题组. 中国农民工调研报告 [C]. 北京：中国言实出版社，2006.

的工人加班是没有加班费的。高强度的工作挤占了农民工的休息、娱乐及与家人相处的时间，58.1%的工人将工作量多、工作负荷重视为自己现阶段最大的困难，如表5-9所示。

表5-9　　　　　　　　　　外出农民工从业时间和强度

指标	2013年	2014年
全年外出从业时间（月）	9.9	10.0
平均每月工作时间（天）	25.2	25.3
平均每天工作时间（小时）	8.8	8.8
日工作超过8小时的比重（%）	41.0	40.8
周工作超过44小时的比重（%）	84.7	85.4

资料来源：国家统计局2014年数据。

从收入状况来看，当前农民工的工资仍处于一个较低的水平。根据国家统计局2014年的数据显示，在我国东部地区务工的农民工的人均月收入最高，但也仅为2966元。根据本课题组对北京市建筑业农民工的走访调查，发现有38.6%的建筑业农民工的工资处在20000～40000元/年之间，有15.9%的工人工资甚至低于20000元/年。并且，有16.4%的工人表示自己的收入同比略有减少，如表5-10所示。

表5-10　　　　　　分行业农民工人均月收入及增幅　　　　　　单位：元

行业	2013年	2014年	增长率（%）
合计	2609	2664	9.8
制造业	2537	2832	11.6
建筑业	2966	3292	11.0
批发和零售业	2432	2554	5.0
交通运输、仓储和邮政业	3133	3301	5.3
住宿和餐饮业	2366	2566	8.4
居民服务、修理和其他服务业	2297	2532	10.2

资料来源：国家统计局2014年数据。

由于生活压力较大，农民工只能进一步压缩日常消费。他们衣着简朴粗陋，饮食也是尽可能的简单便宜，不少农民工为了节省居住开支，长期寄居在简陋房屋中，安全事故频发，此外，医疗、学习及娱乐方面的支出更低。根据国家统计局公布的《2014 年全国农民工监测调查报告》显示，外出农民工的月均生活消费支出为人均 944 元，仅比上年增加 52 元，增长率为 5.8%，而同年全国 CPI 同比上涨 2.0%，如表 5-11 所示。

表 5-11　　　外出农民工在不同地区务工月均生活消费和居住支出

地区	生活消费支出（元/人）		其中：居住支出（元/人）		居住支出占比（%）	
	2013 年	2014 年	2013 年	2014 年	2013 年	2014 年
合计	892	944	453	445	50.7	47.1
东部地区	902	954	454	447	50.3	46.8
中部地区	811	861	441	414	54.3	48
西部地区	909	957	443	449	48.7	45.9

资料来源：国家统计局 2014 年数据。

此外，尽管自 2003 年起国家已经采取了追讨农民工工资的专项行动，但拖欠薪水的现象还是时有发生。2014 年全国农民工工资拖欠率为 0.8%，通过对建筑业农民工的调研发现这一数据上升为 11.4%。并且一些本应由雇用方免费提供的生产安全保障用品也因为一些原因并没有得到很好落实，如建筑业必备的安全帽、橡胶手套等防护用品，42.6% 的工人表示工地并没有免费发放，而是会收取一定押金或采购费用。而在一段劳资关系中，起到明确责任与义务作用的劳动合同，根据国家统计局公布的《2014 年全国农民工监测调查报告》显示，仅有 38% 的签订率，如表 5-12 所示。

表 5-12　　　　　　　农民工签订劳动合同情况　　　　　　单位：%

分类	无固定期限合同	一年以下劳动合同	一年及以上劳动合同	没有劳动合同
2013 年农民工合计	13.7	3.2	21.2	61.9
其中：外出农民工	14.3	3.9	23.2	58.6
本地农民工	12.9	2.1	18.2	66.6
2014 年农民工合计	13.7	3.1	21.2	62.0
其中：外出农民工	14.6	3.7	23.1	58.6
本地农民工	12.5	2.3	18.5	66.7

资料来源：国家统计局 2014 年数据。

进城务工的农民工虽然挣了钱，但也付出了比务农时期多出几倍的代价。他们吃最便宜的，住最简陋的，干最辛苦的，拿最微薄的，有病看不起，养老仍然是难题。可以说，部分进城务工的农民仍然深陷物质贫困中。

2014年，中共中央、国务院印发的《国家新型城镇化规划（2014～2020年)》中记载道，目前农民工已成为我国产业工人的主体，但受到城乡分割的户籍制度影响，被统计为城镇人口的2.34亿农民工及其随迁家属，尚不能在教育、就业、医疗、养老、保障性住房等方面享受城镇居民的基本公共服务。

第二节　物质贫困对农民工贫困的具体影响

用以衡量农民工物质贫困最直接的指标便是农民工的劳动报酬。当前理论界对农民工劳动报酬影响因素的研究比较多，大体可分为两类：一类是研究农村转移人口工资的决定问题，重在分析各有关因素对农村转移人口工资的影响；另一类则是研究某类相关因素（如人力资本等）对农村转移人口工资的影响，主要偏重于验证假说，或者从技术上寻求更有效地估计某类相关因素对农村转移人口的影响。通过对农民工物质贫困影响因素的测量，有助于今后有针对性地对农民工的劳动报酬进行提高。

一、有关农民工收入影响因素的研究

目前，各界学者对农村转移人口工资收入影响因素的研究主要集中在性别歧视对农民工劳动报酬影响的假说，社会资本对于农民工工资决定的调查，人力资本对劳动报酬的影响，以及职业培训对劳动报酬的回报研究上。

1. 人力资本相关变量影响劳动报酬的分歧

人力资本理论最早由舒尔茨（Shultz）、贝克尔（Becker）和明瑟尔（Mincer）等提出。该理论认为教育、专业技能培训和工作经验等人力资本变量是影响劳动力工资的重要因素，一般认为具有较高人力资本的劳动

力往往能够在劳动力市场上获得更高的劳动报酬，布劳（Alan de Brauw）和罗斯高（Scott Rozelle）（2006）通过研究 2000 年我国农村住户调查资料发现，教育对农村转移劳动力的工资具有显著正向影响。

范慧、费利群（2012）利用 1997～2010 年 29 个省级单位数据，以人力资本量的投入指标和产出指标为代理变量，对全国东部、中部、西部地区分别建立面板数据模型，结果发现人力资本投资对劳动报酬比例的影响均为正。罗金凤、许鹏等（2013）所在的国家统计局广东课题组分析了 2004～2011 年广东省农村居民外出从业收入和城镇居民工资性收入的变化情况，发现引起农民工与城镇就业者劳动报酬差异的第一影响因素是两者个人禀赋上的差异，即工作经验、受教育程度等人力资本上的差异。可见在研究我国农民工工资影响因素的文献中，基本都会考虑到人力资本变量，但很多文献并没有考虑到职业技能培训和工作经验对薪酬的影响。

2. 职业培训对劳动报酬的回报研究

国外对职业培训影响劳动报酬的回报的研究有很多（如 Friedlander et al.，2004；Lalonde，1995），其中涵盖了职业培训对农村外出劳动力工资影响的研究。研究结论一致认为，职业培训对建筑业农村转移人口的劳动报酬具有较大的回报效应。王德文、蔡昉等（2008）从 2005 年中国社会科学院收集到的全国 12 个城市有关就业及社会保障的 9954 个数据及 2006 年劳动与社会保障部收集到的全国 25 个省份 5300 份数据中分析得出：简单培训、短期培训和正规培训对农村迁移劳动力的再流动具有显著作用，但简单培训对农村迁移劳动力的工资收入作用不显著，而短期培训和正规培训对其工资收入有重要的决定作用。

张桂春、张琳琳（2008）指出，农村转移劳动力作为我国社会发展过程中出现的一个特殊群体，其生存境遇与发展值得社会关注。目前我国在对农村转移劳动力的教育与培训的针对性、社会发展对教育与培训的影响性、教育与培训实施的系统性等方面仍存在问题。

3. 性别歧视影响劳动报酬假说

福西特（Fawcett，1918）和埃奇沃思（Edge worth，1922）最早发现了性别歧视对工资的影响，即由于习俗与公众舆论、女性职业领域狭窄等诸多原因导致女性工资低于男性。无论是在完善和发达的劳动市场中，还是在不发达的市场中，性别歧视的情况都有可能存在，而在不发达的劳动力市场可能更为严重。

对于中国的劳动力市场，赵颖霞（2012）指出我国的女性农民工由于受教育水平普遍偏低，政府公共就业服务不到位，社会保障制度缺乏性别视角，以及企业谋求利益最大化动机等，使得女性农民工成为农民工这个弱势群体中更加弱势的群体。她们不仅劳动报酬低，而且就业也不稳定。

罗忠勇（2010）在对珠江三角洲地区3000多位农民工的实证调查中发现，与男性农民工相比，女性在工资、辞工自由及日常福利方面处于弱势地位，但在工资拖欠、技能培训和人身权利上处境较好。

4. 社会资本相关变量对劳动报酬的影响

一般认为，个人工资收入的主要影响因素是人力资本的积累，具有较高人力资本的劳动力，在劳动力市场上更容易寻找到一份满意的工作。但随着社会资本（Bourdieu，1986；Coleman，1990；Putnam，1993）这一概念的提出和广泛运用，不少学者逐渐将目光投向社会资源、网络、规范和社会信任等主题上来。

宗成峰（2012）以北京市建筑业的农民工为例，利用改进后的 Mincer 工资方程进行计量分析，着重探究了社会资本对农民工工资的决定作用。宗成峰分析了亲属的社会地位、是否参加工会和同乡会、平时的社会交际等因素并考察社会资本对农民工工资的影响，发现社会资本对于建筑业农民工工资并没有显著的影响。谢勇（2009）以南京市外来农民工为例，分析得出社会资本对农民工的工资水平并没有产生显著的、积极的作用，甚至产生了负面的影响，使其工资低于那些通过其他方式获得工作的农民工。

国内外现有文献为探究农民工劳动报酬的影响因素提供了良好的借鉴与参考，但同时也存在着一定的问题和不足。

（1）当前的研究文献大多是从劳动力供给的角度出发考虑工资的影响因素，忽视了劳动力的需求层面，使得估计结果存在偏差。由于不同地区、不同行业间存在异质性，如此泛泛地谈论农民工工资的影响因素使得该研究在严谨性方面有所欠缺。因此，为了保证研究的科学性和严谨性，应该将劳动力所在的地区变量考虑在内，对此变量进行限制或者单独设计变量进行分析。

（2）在技能培训上，许多文献并没有考虑到该因素对农民工工资的影响，部分文献虽然考虑到技能培训会对工资产生影响，但只是笼统地叙述，并没有对培训类型进行细分，进而阐释技能培训与工资两者间的关系。实际上，不同的技能培训类型对农村转移人口的工资也是有影响的。

（3）通过日常生活的观察发现，不同工种间的工资存在较大差异。目前，大多数学者用统计的方法研究工种对工资的影响，展现出不同工种间的工资存在差异这一事实，至于工种是以什么形式影响工资，对于工资又有多大的影响作用，却很少给出解答。

（二）农民工劳动报酬影响因素的现实考察

结合对过往文献的研究及生活中的观察，我们发现，由于工种、工作环境、工作内容、工作强度、工作时间、工作所要承担的风险及在工作中获得的成长不尽相同，因此，劳动报酬很可能会不同。并且工人在选择不同工种时的意愿也不相同。因此，在研究农民工劳动报酬影响因素的过程中，我们不应该忽视工种之间的区别，需要对工种变量进行进一步的细分。同时，考虑到地区因素对农民工劳动报酬的影响作用，为使该研究能更加严谨周密，我们将农村转移人口的务工地区限定在北京。

1. 样本介绍

2014 年 4～10 月，我们的调研小组通过走访北京市各建筑工地，对239 名建筑工人进行了深度调查，经过后期的诊断及识别，删除无效问卷19 份，最后获得有效问卷 220 份，问卷有效率为 92.1%。对样本中性别分布、年龄分布、来源地分布、家庭规模、工种分布及在其他行业的从业经验等的详细分析如下。

（1）性别分布。220 个样本中，共有 219 个性别有效值，其中男性农民工达 193 人，占总人数的 87.7%，女性农民工比例仅为 12.3%，性别差异非常明显，如表 5-13、图 5-1 所示。

表 5-13　　　　　　　　　　农民工性别比例

性别	男	女
比例（%）	87.70	12.30

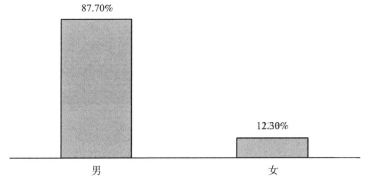

图5－1　接受调查的农民工性别比例

（2）年龄分布。调查样本显示，此次访问的建筑业农民工的年龄主要集中分布在20～60岁，属青壮年劳动力，占比超过了90%。20岁以下的农民工仅占2.3%，60岁以上的农民工所占比例为2.7%。样本中建筑业农民工的平均年龄为38.3岁，众数为45岁，如表5－14、图5－2所示。

表5－14　　　　　　　　　　农民工年龄分布

年龄	20 岁及以下	21～30 岁	31～40 岁	41～50 岁	51～60 岁	61～70 岁
比例（%）	2.30	21.80	27.30	34.50	9.10	2.70

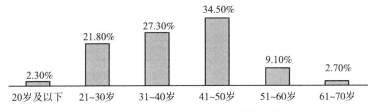

图5－2　接受调查的农民工年龄分布情况

（3）农民工来源地区分布。接受调研的农民工来自全国17个省，主要集中分布于云南、河南、山东、陕西、河北等地。其中，来自西部的农民工比例最高，占45%；来自东部和中部的农民工比例相近，约为27%。由此可见，西部仍是我国农民工的主要来源地，如表5－15、图5－3所示。

表 5 – 15   农民工来源区域分布

地区	东部	中部	西部
人数	61	59	99
比例（%）	28	27	45

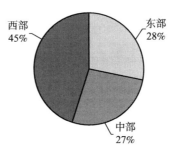

图 5 – 3 农民工来源区域分布

（4）家庭规模情况。调查样本中，4 口之家占到大多数，平均家庭规模大小为 4.7 人，规模最大的家庭大小为 11 人，最小的仅为 1 人，如表 5 – 16 所示。总体来看，农民工的家庭供养压力适中。

表 5 – 16   农民工家庭规模调查情况

统计资料			
家庭规模			
N	有效		217
	遗漏		2
平均数			4.719
中位数			4.000
众数			4.0
变异数			3.018
范围			10.0
最小值			1.0
最大值			11.0
总和			1024.0

（5）工种分布情况。根据不同的建筑性质和建筑要求，各个工种所占

比例会有差异。从样本分析可见，22.1%的农民工人从事木工，20.2%农民工从事钢筋工，管理人员数量的有效百分比仅为3.8%，数量较少，如表5-17、图5-4所示。

表5-17　　　　　　　　　　　农民工工种分布情况

工种		次数	百分比（%）	有效的百分比（%）	累积百分比（%）
有效	管理人员	8	3.7	3.8	3.8
	木工	47	21.5	22.1	25.8
	混凝土工	3	1.4	1.4	27.2
	钢筋工	43	19.6	20.2	47.4
	力工	25	11.4	11.7	59.2
	水电工	9	4.1	4.2	63.4
	砌筑工	24	11.0	11.3	74.6
	油漆工	8	3.7	3.8	78.4
	电焊工	17	7.8	8.0	86.4
	割料工	3	1.4	1.4	87.8
	装修工	18	8.2	8.5	96.2
	杂活工	5	2.3	2.3	98.6
	架子工	3	1.4	1.4	100.0
	总计	213	97.3	100.0	
遗漏	系统	6	2.7		
总计		219	100.0		

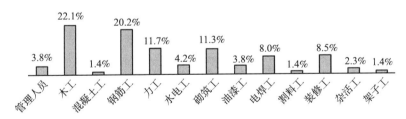

图5-4　农民工工种分布情况

（6）其他行业从业经验。调研样本中，41.8%的人一直从事的是建筑业，并没有其他行业的从业经验；58.2%的人对于其他行业有所尝试。如表5-18、图5-5所示。超过一半的人在从事了其他行业之后，最终选择了建筑业。

表 5 – 18　　　　　　　　　　农民工从业经验占比

其他行业从业经验	有	无
比例（%）	58.2	41.8

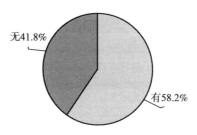

图 5 – 5　农民工从业经验占比情况

2. 关键变量统计情况

（1）受教育情况。受访工人的平均受教育年限为 8 年，未达到初中毕业的水平；众数为 9 年，表示建筑业农民工大多拥有初中学历；最高学历为大专及其以上，接受了 15 年的教育；最低学历为文盲，即从未接受过任何教育。综合来看，建筑业农民工掌握一定的文化知识，但受过高等教育的人数并不多，如表 5 – 19、图 5 – 6 所示。

表 5 – 19　　　　　　　　　　农民工接受教育程度

受教育情况的统计资料		
教育		
N	有效	215
	遗漏	5
平均数		8.219
中位数		9.000
众数		9.000
变异数		9.312
范围		15.000
最小值		0
最大值		15.000
总和		1767.000

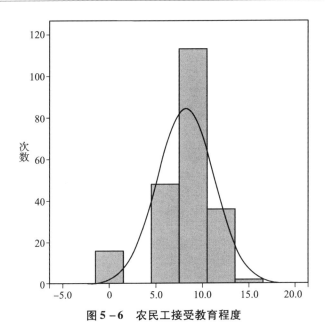

图 5-6 农民工接受教育程度

（2）培训情况。总体来看，有近七成的农民工以不同的方式接受过建筑业的培训。其中在打工地接受培训的占多数，比例高达48.6%；在老家接受过培训的次之，比例为15.9%；在其他地方接受过培训的仅为3.8%。如表5-20、图5-7所示。

表 5-20 农民工接受职业技能培训情况

培训方式	在老家受过培训	在打工地受过培训	在其他地方受过培训	没有受过培训
比例（%）	15.9	48.6	3.8	31.7

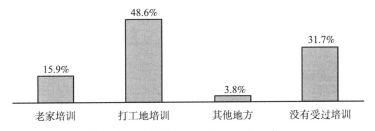

图 5-7 农民工接受职业技能培训情况

（3）职业技能。调研结果中，我们发现超过9成的工人拥有基础级到中级不等的职业技能，其中初级和中级的比例相近，分别为35.7%和

33.7%；基础级次之，为24.5%；高级技能等级仅占4.1%；而达到技术水平的人数更少，只有2%。如表5-21、图5-8所示。

表5-21　　　　　　　　　　农民工职业技能等级分布情况

技能等级	基础级	初级	中级	高级	技师
比例（%）	24.5	35.7	33.7	4.1	2.0

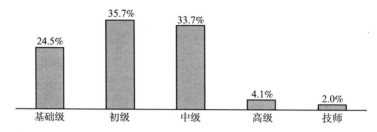

图5-8　农民工职业技能等级分布情况

（4）年收入分布情况。根据样本分析得知，工人的平均年收入大约为42395元，最高年收入为10万元，最低年收入仅为1万元。最高工资和最低工资相差了9万元，最高工资是最低工资的十倍，这说明虽然工人的平均收入处于中等收入水平，但是仍然存在工资较低的人群。管理人员和拥有高技术水平的工人能得到远远高于平均水平的工资。从分组后的年收入可以看出，38.6%的工人年收入处在20000～40000元，24.1%的工人年收入处在40001～60000元，15.9%的工人年收入低于20000元，如表5-22所示。年收入水平低于20000元的工人所占比重较大，说明工地上还存在收入较低的状况，这可能是由于工种的不同，也可能是由于员工自身的问题。对此，本研究会在后面的部分进一步解释。

表5-22　　　　　　　　　　分组后的农民工年收入分布

	收入区间	次数	百分比（%）	有效的百分比（%）	累积百分比（%）
有效		18	8.2	8.2	8.2
	20000元以下	35	15.9	15.9	24.1
	20001～40000元	85	38.6	38.6	62.7
	40001～60000元	53	24.1	24.1	86.8
	60001～80000元	23	10.5	10.5	97.3
	80001元以上	6	2.7	2.7	100.0
	总计	220	100.0	100.0	

（三）农民工工资收入影响因素的实证分析：以北京市建筑业为例

1. 测量模型的建立

美国经济学家明瑟尔（Jacob Mincer）在 1974 年提出的明瑟尔（Mincer）收入方程，简洁地反映了劳动力市场对教育与工作经验等投入要素的回报，已成为微观经济学经验研究中最常用的回归方程之一。明瑟尔收入方程主要涉及教育年限、年龄变量与收入之间的关系：随着教育年限的增加，收入呈递增趋势；而随着年龄的增加，收入呈现加速递增、减速递增、递减的趋势。另外，用工作经验年限代替年龄能得到相似甚至更好的结果。鉴于明瑟尔收入方程考虑的自变量类型较少，而现实生活中工资的影响因素繁多，本书将在明瑟尔收入方程的基础上进行扩展，此方法便于在控制相关变量的情况下考察某一自变量对农民工工资的"净影响"，并且可以对不同因素的影响程度进行比较以衡量其作用程度的大小。

根据前期的一系列准备工作和初步的数据分析后，我们对初步建立的模型有了新的认识，因此做出改动，具体如下。

明瑟尔收入方程是研究收入决定问题最常用的模型，该模型的一般形式可以写为：

$$\ln Y = \beta S + \gamma X + \varepsilon \qquad (5-1)$$

其中，Y 为收入水平，S 表示受教育程度，X 为解释变量向量，比如工作年限或年龄的一次项和二次项，以及性别、工种、受培训情况等虚拟变量，β 即为教育回报率，γ 为系数向量。

直接运用最小二乘法估计上述模型可能存在一个问题，即模型遗漏了个人能力变量，这一变量被包含在误差项之中。许多实证分析认为，个人能力与受教育程度间存在着相关关系，因而遗漏个人能力变量将使 S 与误差项相关，此时运用最小二乘法将得到有偏且不一致的估计结果。寻找合适的代理变量能够解决这一问题，考虑到许多实证分析表明家庭背景往往与个人能力密切相关，本书引入家庭人数变量作为个人能力的代理变量，同时将受教育程度划分为未受教育、小学、中学及以上学历三个等级，以虚拟变量向量 $S = (S_1, S_2)$ 表示，当 $S_1 = 0$、$S_2 = 0$ 时表示未接受教育，当 $S_1 = 1$、$S_2 = 0$ 时表示具有小学学历，当 $S_1 = 1$、$S_2 = 1$ 时，表示具有中学及以上学历。由此可以得出模型一，如式 5-2 所示。

模型一：
$$\ln Y = \beta_0 + \beta_1 S_1 + \beta_2 S_2 + \varphi_1 exp + \varphi_2 exp^2 + \gamma_1 sex + \gamma_2 train \\ + \gamma_3 type + \gamma_4 cexp + \lambda_1 age + \lambda_2 age^2 + \lambda_3 family + \varepsilon \qquad (5-2)$$

式（5-2）中 exp 为工作经验，sex、$train$、$type$、$cexp$ 分别为性别、是否接受过培训、是否是普通工种及是否具有跨行业或跨区工作经验虚拟变量，age 为年龄，$family$ 为家庭人口数量。上述模型引入了个人能力的代理变量，因而能够运用最小二乘法进行估计，但是由于选取的样本仅限于工资大于零的个体，而将未在此行业工作或工资为零的个体忽略或剔除，将不可避免地导致估计结果的偏差。为克服样本选择的偏差问题，本书采用 Heckman 两阶段模型进行估计，所得模型二如式 5-3 所示。

模型二：
$$
\begin{aligned}
probit(Y) =& \beta_0 + \beta_1 S_1 + \beta_2 S_2 + \varphi_1 exp + \varphi_2 exp^2 + \gamma_1 sex + \gamma_2 train \\
& + \gamma_3 type + \gamma_4 cexp + \lambda_1 age + \lambda_2 age^2 + \lambda_3 family + \varepsilon \\
lnY =& \beta_0 + \beta_1 S_1 + \beta_2 S_2 + \varphi_1 exp + \varphi_2 exp^2 + \gamma_1 sex + \gamma_2 train \\
& + \gamma_3 type + \gamma_4 cexp + \lambda_1 age + \lambda_2 age^2 + \lambda_3 family + \lambda_4 imr + \varepsilon
\end{aligned}
\quad (5-3)
$$

模型第一阶段为 probit 选择模型，因变量表示在该行业工作并获得工资的概率，这一方程考察了在该行业工作与否的决定因素。模型第二阶段为收入决定方程，是明瑟尔方程的扩展形式，其中 imr 是逆米尔斯比率，由第一阶段模型估计结果的标准正态分布密度函数值与分布函数值之比计算获得，引入这一变量能够克服因样本选择问题所带来的偏差。

上述模型依然可能存在如下问题，那就是教育回报率是否不存在差异性？受教育程度与收入间是否呈现简单的线性关系？大量证据表明，大多数情况下，受教育程度与收入间呈现出复杂的非线性关系，并且这一关系由许多其他因素共同决定。为使模型达到更好的拟合结果，本书引入受教育程度与部分解释变量间的交叉项，以衡量教育回报率的决定因素，从而得到模型三如式 5-4 所示。

模型三：
$$
\begin{aligned}
probit(Y) =& \beta_0 + \beta_1 S_1 + \beta_2 S_2 + \varphi_1 exp + \varphi_2 exp^2 + \gamma_1 sex + \gamma_2 train \\
& + \gamma_3 type + \gamma_4 cexp + \lambda_1 age + \lambda_2 age^2 + \lambda_3 family \\
& + \sum \theta_i S_i train + \sum \omega_i S_i type + \sum \psi_i S_i family + \varepsilon \\
lnY =& \beta_0 + \beta_1 S_1 + \beta_2 S_2 + \varphi_1 exp + \varphi_2 exp^2 + \gamma_1 sex + \gamma_2 train \\
& + \gamma_3 type + \gamma_4 cexp + \lambda_1 age + \lambda_2 age^2 + \lambda_3 family + \lambda_4 imr \\
& + \sum \theta_i S_i train + \sum \omega_i S_i age + \sum \psi_i S_i family + \varepsilon
\end{aligned}
\quad (5-4)
$$

式（5-4）中受教育程度与各解释变量的交叉项可以解释为教育回报率在接受过培训和未接受过培训人员间的差异、在不同年龄人群间的差异，以及由于个人能力的不同而导致的教育回报率的差异。经过如上划分，不仅能够较为准确地反映目前的教育选择情况，而且对个体抉择也有一定的借鉴意义。

2. 回归结果分析

运用调研所得数据对上述三个模型进行回归，分别能够得到以下估计结果，如表 5 - 23 所示。

表 5 - 23　　　　　　　　　各模型的参数回归结果

变量	模型一		模型二		模型三	
	系数	标准差	系数	标准差	系数	标准差
截距	10.040	0.4376	9.8306	0.6826	1.7526	0.4373
小学教育水平	0.0640	0.1512	0.0530	0.1540	0.1392	0.4117
中学教育水平	0.1676	0.1347	0.1692	0.1351	0.0244	0.3385
工作经验	-0.0165	0.0145	-0.0123	0.0180	-0.0035	0.0094
工作经验平方	0.0005	0.0004	0.0004	0.0005	0.0001	0.0003
男性	0.0173	0.1108	-0.0051	0.1242	0.0230	0.0611
受过培训	0.1777	0.0761	0.1701	0.0786	0.0037	0.1352
普通工种	-0.1670	0.1205	-0.1736	0.1218	-0.0035	0.0571
有跨行业经验	-0.0341	0.0766	-0.0500	0.0865	0.0098	0.0416
年龄	0.0192	0.0212	0.0205	0.0215	0.0013	0.0132
年龄平方	-0.0003	0.0003	-0.0003	0.0003	0	0.0001
家庭人口数	0.0191	0.0209	0.0167	0.0218	-0.0010	0.0339
逆米尔斯比率			0.6585	1.6422	-2.7990	0.6114
小学教育水平并接受训练					0.0013	0.1544
中学教育水平并接受训练					0.0066	0.1431
小学教育水平的不同年龄					-0.0028	0.0079
中学教育水平的不同年龄					-0.0008	0.0062
小学教育水平的个人能力					-0.0025	0.0389
中学教育水平的个人能力					0.0035	0.0376
R - squared	0.0971		0.0986		0.1896	

观察上表不难发现，考虑选择偏误问题能够在一定程度上提高模型的解释能力，而准确反映受教育程度与收入间的复杂关系则将极大地特高模型精度（提高一倍左右），这就说明比较而言，模型三更具拟合效率，同时逆米尔斯比率项系数显著也说明对该模型的处理更为合理。

回归结果表明，受教育程度对收入水平有很强的正向影响作用，且对于农民工而言，小学的教育回报率为 0.139，这一数值远远大于中学及以上教育回报率的 0.024，也就是说总体而言，农民工仅接受小学教育便足以取得较高收入，而接受更高教育却反而缺乏效率，这就表明农民工市场仍然是一个较低端的市场，更为高级的教育水平对收入影响不大，这也是导致农民工普遍文化素质不高，且很难自愿去提升和深造的原因所在。值得注意的是，如果在模型中加入受教育水平与收入间的线性假定（如模型一、模型二），则会低估小学教育的回报率并高估中学及以上教育的回报率，从而得到相反结果，但所得结果与现实并不相符。

当然，较高的教育水平并非毫无作用，具有中学及以上文化水平的农民工将具有小学文化水平两倍以上，以及未受教育时近三倍的培训效率。同时具有较多家庭人口的农民工也更需要提高其文化水平，因为仅接受小学教育的农民工甚至比未接受教育时具有更低的收入，只有达到中学及以上水平才能取得更高收入。但遗憾的是，这些能够激励农民工取得更高教育水平的因素对收入情况的影响尚不足以发挥其作用，更多的农民工依然选择不接受教育或仅接受较低教育便参加工作。因此，如何扩大这些激励因素的影响作用将决定农民工是否愿意获得更高教育水平，这也是现阶段需要关注的重点。

性别也是影响农民工收入的一个重要因素，男性的工资水平明显要高于女性，甚至在考虑选择偏误和教育回报率差异问题的情况下，这一现象更为明显。当然，这与不同性别间不同的生理特征有关，因而很难判断其是否合理。就目前来看，这一因素仅影响了收入的 2.3% 左右，差异并不十分显著。

在明瑟尔收入方程中，工作经验是一个十分重要的变量，但在本书所得结果中，这一变量对收入的影响却十分有限，同时模型三中工作经验的各项系数也变得更不明显。这可能是因为农民工这一行业并不需要较强的专业能力及职业经验，收入水平也不会随着工作时间的增加而有所提升，这也是农民工工资难以上涨的原因之一。

在模型三中，年龄因素作为独立因素的影响作用显著下降，而影响主要通过与教育程度的交互作用体现出来。可以发现，无论处于何种教育水平下，较大年龄者的教育回报率明显降低，这就表明我国教育质量有着明显的提升，越是新近的教育越能提高就业者的个体竞争能力，且这一提升在基础教育阶段体现得更为强烈。

综上所述，综合考虑样本选择问题和教育回报率差异性问题将极大地提高模型精度，具有更好的解释能力。从所得结果可以看出，教育水平是影响农民工工资最主要的因素，但由于激励不足等原因，农民工并不愿主动接受更高层次的教育，而倾向于接受小学教育后便参加工作，这就导致农民工文化素质难以得到提高。同时，农民工的收入与工作经验并不显著相关是导致农民工工资长期难以得到提升的重要因素，而这极大地影响着农民工的生活条件是否在长期能够得到改善，因而是一个值得关注的问题。值得欣喜的是，我国近年来教育质量得到了明显提升，农民工也享受到了因教育而带来的红利。进一步提高教育质量，从而提高农民工的收入水平仍然是一项十分重要的任务。

接下来，我们将具体研究两个相关研究较少的重要变量：工种和培训。

3. 工种对农民工劳动报酬的影响

（1）工种的影响情况。图 5-9 显示的是不同工种分别对应的年收入情况，从平均水平来看，管理人员的工资最高，木工、力工、架子工的偏低；从工资分布的离散情况来看，砌筑工工人的工资差别比较大，而割料工则比较集中。另外，木工、钢筋工、力工中均存在个别极端值，这会对它们的平均工资水平产生一定的影响。

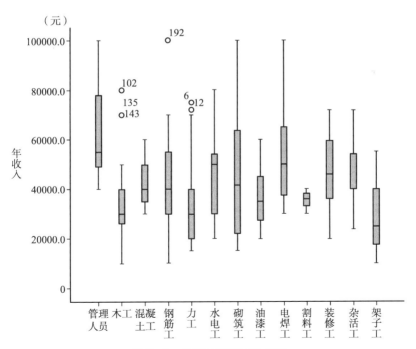

图 5-9　农民工主要工种分布

方程 V ：

$$\ln w = \beta_0 + \beta_1 x_1 + \beta_2 x_2 + \beta_3 x_3 + \beta_4 x_4 + \beta_5 x_5 + \beta_6 x_6 + \beta_7 x_7 + \beta_8 x_8$$
$$+ \beta_9 x_9 + \beta_{10} x_{10} + \beta_{11} x_{11} + \beta_{12} x_{12} + \beta_{13} x_{13} + \beta_{14} x_{14}$$

根据方程 V ，我们以普通工为参照水平，将其他工种作为虚拟自变量进行分析，得到表 5 – 24、表 5 – 25 所示数据。其中，常数项 33666.667 表示，建筑业农民工普通工工种的期望年收入为 33666.667 元，每一工种对应的系数分别代表这一工种期望年收入与普通工之间的差值，可以看到，都是正数，表明其他工种的期望年收入均高于普通工。不过，第六列显著性表明了对应工种与普通工之间的差异是否显著，如果以 0.1 作为显著性水平，可以看到，工种 1、工种 4、工种 7、工种 11、工种 13，即管理人员、钢筋工、砌筑工、电焊工和装修工年收入与普通工存在显著差异。

表 5 – 24　　　　　　　　　　变异数分析[a]

模型		平方和	df	平均值平方	F	显著性
1	回归	11200793888.889	12	933399490.741	2.616	0.003[b]
	残差	65283956111.111	183	356742929.569		
	总计	76484750000.000	195			

表 5 – 25　　　　　　　　　　系数[a]

模型		非标准化系数		标准化系数	T	显著性
		B	标准错误	Beta		
1	（常数）	33666.667	4121.621		8.168	0.000
	工种 1	29333.333	7847.332	0.294	3.738	0.000
	工种 2	1711.111	4991.531	0.036	0.343	0.732
	工种 3	9666.667	11657.704	0.060	0.829	0.408
	工种 4	8833.333	5304.336	0.165	1.665	0.098
	工种 6	10555.556	7525.016	0.112	1.403	0.162
	工种 7	12300.000	5643.762	0.204	2.179	0.031
	工种 8	3208.333	7847.332	0.032	0.409	0.683
	工种 11	20708.333	6267.710	0.287	3.304	0.001
	工种 12	1666.667	11657.704	0.010	0.143	0.886
	工种 13	14788.889	6066.862	0.216	2.438	0.016
	工种 14	15133.333	9398.742	0.121	1.610	0.109
	工种 15	3833.333	10304.052	0.027	0.372	0.710

（2）劳动分工的影响情况。

①管理人员：建筑队的管理人员通常被称为工头，他们是建筑队的组织人员，负责与工地联系业务。结合调研后期与工人们的深度访谈，我们认为管理人员的高工资主要是因为以下三点：

管理人员具有直接议价的能力。管理人员通过综合考虑施工队的效率及建筑工程的要求，向工地提出自己的承包价格，具有直接议价的能力。由于工人们的薪水却仍然由市场行情决定，只要管理人员具有极强的交涉能力、管理能力或是与工地招标方存在着某种"特殊关系"，以高出施工队正常开支的价码拿下项目后，剩下的资金将直接成为管理人员的收入。

管理人员常常身兼多职。我们在调研中发现，管理人员除了负责洽谈项目、安排工人工作、吃住等事宜外，平时也会同工人们一起工作。本着多劳多得的原则，管理人员的薪资跟普通工人有着显著差异也是能够理解的。

管理人员有较强的素质。要管理一个规模在十人到几十人不等的施工队，确保大家能够有活干、有钱拿，这要求管理人员要具有较强的素质：有广泛的人脉、优秀的社交能力和杰出的队伍管理经验，能灵活应对突发事件，并且在队伍中有着较高的威望。这些素质都是管理人员的一种软实力，并非一朝一夕即可习得或替代，因此管理人员的薪资水平往往会比普通工人要高。

②技术性工人：在回归结果中我们观察到，钢筋工、砌筑工、电焊工和装修工的薪资水平相较于普工而言是比较优越的。这四个工种最明显的共性就是同属于技术性工人，他们的技能对于工地来说不可或缺，有着非常明显的市场需求；同时，他们的技能学习难度较大，通常需要付出一定的成本，一个新人在短时间内很难将其取代，因此，这类技术性工人也能享有较普工而言较高的工资。

③普通工人：从箱线图中我们可以观察到，木工和力工的平均工资虽然偏低，但是出现了一定数量的极值。通过访谈我们得知，力工不同于其他工种，通常为计件发工资，譬如说搬运一车钢材领多少钱，是典型"多劳多得"的工种；钢筋工也是同理，因为相较于普通力工而言工作难度更大，所以起薪较高，但计薪方式仍是传统的计件式。木工则是对于资历有着较高的要求，老木匠通常因其成熟的手艺往往能比学徒工领到更多的薪水。

4. 培训对农民工劳动报酬的影响力

培训方面，用与工种处理相似的方法，我们对不同部门对农民工工资的影响程度进行实证分析。从处理结果中我们可以看到，接受过用工单位内部培训的农民工期望年收入显著高于手艺传承下的农民工的期望年收入，其他培训机构培训下的农民工期望年收入与手艺传承的差异虽不显著，但从系数可以看到（见表5－26），它们都是高于手艺传承的。这可以理解为，专门的机构培训在组织形式和培训方式上都会相对于手艺传承更为正规一些，也更注重创新和跟随时代进步，用工单位内部的培训则在此基础上更具有针对性，从而可以达到更好的效果以更多地提高农民工工资，相反，手艺传承更多靠的是上一辈的经验，尽管带有自己的摸索和思考，在"与时俱进"这一方面毕竟还是有所欠缺。

表5－26 系数[a]

模型		非标准化系数		标准化系数	T	显著性
		B	标准错误	Beta		
1	（常数）	32958.333	3527.399		9.344	0.000
	用工单位内部	8992.486	4163.889	0.261	2.160	0.033
	社会机构	8327.381	7423.119	0.112	1.122	0.264
	政府	10041.667	7054.799	0.144	1.423	0.157
	劳务分包	7541.667	5577.308	0.147	1.352	0.179
	其他	8755.952	7423.119	0.118	1.180	0.241

第三节 农民工陷入物质贫困的减贫对策

通过对北京建筑行业农民工劳动报酬影响因素的调查分析，本研究找出了一些影响农民工工资的重要因素，比如工种和培训。尽管近年来农民工工资的上涨幅度较以往都大，但大多数工资的提高，都是以减少用工人数、提高工人的劳动强度和延长其劳动时间为代价的。因此，科学调查分析农民工劳动报酬的影响因素，对真正提高农民工劳动报酬是非常有意义的。

一、加大职业技能培训力度是提高农民工劳动报酬的有效途径

通过调查分析发现，培训对工资具有显著影响，除在打工地接受培训

之外的其他培训方式也发挥着非常重要的作用。因为虽然多数农民工有机会在进入工地之后跟着老工人进行技能学习，但是在此之前农民工能否接受到比较系统的培训，影响着工人进入工地之后学习新技能的速度。尤其是对于刚刚进入建筑业的工人，系统的工作培训可以缩减在职学习的周期，同时增加其在劳动市场上的竞争力，获得更多的工作机会。

但是，现实中的劳务分包公司、社会机构、政府机构等培训方式并没有发展起来。因此，国家一方面要提高农民工接受培训的意识，另一方面还要与社会机构有效互动，发展多样化的培训方式，同时充分发挥政府在农民工培训中的监督促进作用。当前北京、深圳等农民工聚集的城市存在很多帮助农民工改善生活质量的公益组织，政府可以寻求与这些公益组织的有效合作，充分调动职业技校等社会力量，形成工地、政府、社会机构、公益组织和农民工自身之间的有效互动。由于建筑工地本身对工人进行培训的意识和动力不足，导致很多培训班和很多从业资格证形同虚设，因此，政府相关部门也应该加强考核与监督，将原有的从业资格证制度、农民工夜校制度落到实处。通过重视培训的作用和提高培训的质量，提升单个农民工的工作质量和工作效率，在劳动力供给量不变的前提下，可以增加社会劳动力创造的总体价值。

二、拓展职业技能外的培训内容，提高农民工整体素质，丰富其职业选择

丰富的培训类型，拓展培训内容，对于农民工自身的成长和综合素质的提高有着积极的促进作用，可以为农民工未来的职业选择提供更多的机会和资本。新生代农民工比例的增加，促进了农民工阶层整体教育水平、学习能力的提高，这一趋势在未来将会更加明显。新生代农民工往往不满足于当前的生活和工作状态，对未来怀有更多的期望和希冀，渴望通过学习新的知识、开阔自己的视野，探寻新的职业发展可能。而城市化在本质上是"人的城市化"，农民工作为城市化过程中的重要支柱之一，其思想、素质、能力等多个方面的提高对于整个城市化的水平提升至关重要。通过这些培训，努力帮助农民工尽快融入城市，体现个人尊严，从而促使源自城市的先进的思想、健康的生活方式等通过农民工载体，在各个地区之间得到广泛传播。

因此，要重点培养农民工自身的学习动力和学习能力，开阔农民工的

眼界。学习形式的多样化促进了知识的传播和农民工的进步，要根据农民工的不同需求为他们提供相应的便利条件，比如：多开设一些培训班，出版一些针对农民工职业技能的书籍等。国家及政府部门可以出台一些相应的政策，帮助农民工处理生活压力与知识学习之间的关系，鼓励农民工通过学习提高自身的整体素质。

三、提高最低工资标准，加强工会组织建设，提高农民工的议价能力

由于不同工种之间的工作内容、工作强度、工作时间、技术要求等方面均存在差异，因此，不同工种之间存在报酬差异是正常的。然而，在实际调查中发现，工头在选择工人及确定报酬的时候往往存在一定的议价空间，这也使得一些弱势民工在面对处于强势地位的工地或工头时表现出较小的议价能力。而在发达国家，工会往往拥有很强的力量，在协调劳资双方关系的过程中起着重要的作用。

因此，政府和社会有关机构应该努力推动劳动力市场制度的完善，通过引导报酬定价和促进弱势农民工自发联合、完善工会组织建设来提高农民工面对工地或工头时的讨价还价的能力，促进报酬公平。

四、完善公共就业服务制度，促进男女农民工报酬公平

建筑业女性农民工工资较低，除了建筑业本身对于体力等的高要求导致女民工生理体质上存在竞争劣势的原因之外，还包括教育水平、社会观念等其他原因。政府应该促进有效的公共就业服务政策制度的建立，保障女性农民工接受教育和培训的权利。而女性农民工自身应该消除自卑情绪，树立权利意识，通过技能学习提高自身在劳动市场中的竞争力。

总之，关注农民工的报酬增长，努力提高农民工收入，保证农民工的工资随 GDP 同步增长，对避免近年来频繁发生的"民工荒"，确立农民工的国民收入分配主体地位，提升农民工的经济主体地位起着至关重要的作用。农民工合法权益的维护不仅需要实现政府、社会、企业、农民工自身等多方面的联动和良性循环，更需要整个社会观念的转变，真正去尊重和感激那些为城市发展做出贡献的农民工。

第六章

农民工多维贫困：精神维度的贫困

农民工的精神面貌直接关系着农民工的就业、劳动价值的创造与个人价值的提升。良好的精神状态和精神风貌有利于农民工个人的全面发展和社会稳定。我们国家虽然在农民工扶贫上做了相当大的努力，但很少关注精神贫困这种隐性贫困，形成了政策上的真空。研究农民工精神贫困一方面可以完善农民工贫困的理论研究，另一方面也具有重大的实践意义。它不仅可以为国家制定相关的贫困政策提供依据，增强国家扶贫减贫政策的针对性和有效性，还可以为农民工解决精神贫困问题提供有效的途径，切实增强农民工的幸福感，使他们能够共享改革开放的伟大成果，融入整个社会的大家庭中，从而有利于构建社会主义和谐社会。

第一节　农民工精神贫困的界定与特征

"农民工"这个词汇最早是由社会学家提出的，随后被大量地引用，初始出现在中国社会学界、经济学界，后来成为整个社会一种通用的说法。有人认为，"农民工"这种称谓本身就带有浓厚的历史歧视性，建议普遍以"工人"这个称呼替代，尽管一些管理者和学者反复提此建议，但"农民工"这种称谓却一直没有明显改变。农民工作为在特殊的历史时期新出现在中国的一个特殊的社会群体，其形成主要源于农业生产率的提高和农业从业人员冗余，他们为寻求更好的工作机会和工作报酬，便离开农业和农村进入城市。中国城市化进程的加快也在客观上刺激了对农民工的需求。本书把从农业向非农产业转移的农村劳动力称为"农民工"，主要指户籍身份为农民，有承包土地，但是主要从事非农产业工作、以工资为主要收入来源的劳动者。广义的农民工还包括在农村内部从事第二、第三产业的人员。本章的研究主要采取前者，即农民工指的是户籍在农村，但主要在城镇从事非农产业的劳动人口。

一、精神贫困的来源：对贫困讨论的一种延伸

对精神贫困的讨论是学术界对贫困讨论的一种再延伸。深入剖析精神贫困，首先要科学分析贫困的本质。世界银行将贫困定义为"贫困是福祉被剥夺的现象"。随着人们对贫困概念认识的不断深入，对贫困的概念也有不同的定义。贫困是一种综合的社会现象。王小林在《贫困测量》一书中，从经济学、社会学、发展学和政治学四个视角阐释了贫困的概念。

（一）经济学视角的基本需要理论

贫困是在人们缺乏满足其基本需要的手段时发生的。王小林根据贝弗里奇报告的"五大恶"和千年发展目标，将五大基本需要概括为：食物，衣着，住房，健康和教育。经济学从消费/收入和资产贫困两个视角定义和测量贫困，并设置了贫困线。处在贫困线标准以下，即为贫困。

（二）社会学视角的社会排斥理论

社会学家从个人或家庭在社会中处于弱势的分析角度，将贫困区分为剥夺和社会排斥。剥夺的概念主要关注由于资源缺乏而产生的被剥夺。勒努瓦（Lenior）的社会排斥主要指那些没有被传统的社会保障体系所覆盖的人，如单亲、残疾人、失业者等弱势人群。在中国，农民工作为进城务工人员，在一定程度上也被城市的环境所排斥，造成了他们的贫困。

（三）发展学视角的能力贫困理论

阿马蒂亚·森从能力的角度，认为贫困是一种基本能力的剥夺，而不仅仅是收入低下。基本能力剥夺，可以表现为过早死亡、明显的营养不良、持续发病、普遍的文盲以及其他不足。他将贫困定义的逻辑进行了延伸："贫困——福祉被剥夺——基本需要——能力"（Sen，1999）。

（四）政治学视角的权利剥夺理论

权利剥夺理论的典型代表为马克思的阶级理论和阿马蒂亚·森的权利

理论。马克思认为，只有拿起武器进行阶级斗争，才能真正实现无产阶级的解放和自由。森认为要消除饥荒，首先应该消除不平等，使人获得更多的基本权利和发展机会。

中国国家统计局的《中国城镇居民贫困问题研究》课题组和《中国农村贫困标准》课题组在他们的研究报告中所做的贫困界定是："贫困一般是指物质生活困难，即一个人或一个家庭的生活水平达不到一种社会可接受的最低标准。他们缺乏某些必要的生活资料和服务，生活处于困难境地。"

二、对精神贫困的认定与识别

精神贫困是比物质贫困更为隐蔽的社会现象。"精神贫困"问题是哲学、心理学和社会学研究共同关注的核心问题之一。精神贫困是以物质为载体却又脱离了物质层面的一种贫困，常常表现为信念、习惯、追求、认知、价值观等知性的障碍。精神贫困大多来自个性生命求索的内在动力不足，表现为理想信念缺失、内心空虚、不思进取、生活格调低下、认知偏执、价值观扭曲等。正如物质贫困是权利贫困的重要诱因，权利贫困又是导致精神贫困的重要诱因。精神贫困可以随着社会的发展变化而变化，是一个动态的范畴。精神贫困同物质贫困一样，可以分为两种形态：一种是绝对精神贫困，另一种是相对精神贫困。绝对精神贫困是指思想观念落后、价值目标模糊等的状态体现；相对精神贫困指的是在物质文化水平提高了之后，精神状态并未相应地提高，甚至出现相对的滞后。本章的研究主要讨论绝对贫困问题。

（一）农民工的精神贫困

农民工的精神贫困是指农民工在外出务工期间，由于种种原因所导致的自身理想信念缺失、内心空虚、不思进取、生活格调低下、认知偏执、价值观扭曲等表现。对于农民工而言，精神贫困直接导致农民工的思想观念落后、自主意识缺陷、价值目标模糊、社会融入障碍、内心狭隘自卑、精神空虚等多种极端异常心理。农民工的精神贫困问题，特别是建筑业农民工，关系到社会的和谐稳定，以及中国经济的持久健康发展。

（二）多维贫困理论对精神贫困的探讨

国外传统的研究中对贫困的限定多是一维的贫困线或贫困准则，传统衡量贫困的方法依据是收入标准和消费标准。以收入度量贫困，其隐含的假设是：凡是贫困线以上的个体都能够通过市场购买而达到最低功能性的福利水平。在一维概念框定下，贫困仅指经济上的贫困，依据一个人维持生计所需的最低收入或消费水平即贫困线（阈值）作为是否贫困的标准（Mollie Orshansky，1963）。收入虽然是贫困的一个良好的代替变量，但它并不能非常准确地反映人在福利、能力及社会上的剥夺和排斥。另外，单一维度的贫困并不能匹配贫困的多维度。例如，许多人虽然在收入标准上不属于贫困人口，但在教育和福利方面却属于贫困人口。因此，一些扶贫的政策并不能惠及这类人，而且政策的制定也不具有针对性。此后，越来越多的研究表明，一维衡量方法不能充分反映其他维度的贫困。

在这样的背景下，20 世纪 70～80 年代中期，国外的贫困研究开始从一维转向多维。1998 年诺贝尔经济学奖获得者阿马蒂亚·森（Sen，1999）提出了能力方法理论，阿马蒂亚·森把发展看作是扩展人们享有实质自由的一个过程，实质自由包括免受困苦——诸如饥饿、营养不良、可避免的疾病、过早死亡之类——的基本可行能力。森认为，贫困是对人的基本可行能力的剥夺，而不仅仅是收入低下。除了收入低下以外，还有其他因素也会影响可行能力的被剥夺，从而影响到真实的贫困。森对贫困的定义方法称为能力方法（the capability approach）。在能力方法论的基础上，森提出了多维贫困（multidimensional poverty）的概念，即穷人遭受的剥夺是多方面的，包括健康较差、缺乏教育、不充足的生活标准、缺乏收入、缺乏赋权、恶劣的工作条件，以及来自暴力的威胁。多维贫困的概念是随着贫困理论的发展而逐渐被提出来的。

对于精神贫困的测度，本书以农民工为例，将贫困的研究放在了多维的视角，参照国外学者研究多维度贫困指数（MPI）的方法，并立足于中国的具体时间，将我国农民工的贫困分为以下五个维度：物质贫困，权利贫困，精神贫困，能力贫困和福利贫困。其中任何一个要素的存在，都可以单独或者综合导致农民工贫困的发生。在此，我们将精神贫困下分为两个子维度共 5 个指标进行测量。通过这些指标，科学地反映出农民工精神贫困的状态，为落实减贫政策和减少农民工精神贫困提供理论依据。精神贫困的测度指标如表 6-1 所示。

表 6 - 1　　　　　　　　　精神贫困的测度指标

维度	子维度	指标
精神贫困	社会关系	（1）与班组长、劳务公司经理关系正常
		（2）工地上工人之间的关系正常
		（3）与城里人（例如同事、邻居）有来往
	社会参与	（4）有业余活动
		（5）参加过当地举办的文化体育活动

（三）国内外学者对精神贫困的相关研究

在精神贫困方面，国内外大多学者都有过一定研究，但很少有人系统地将农民工精神贫困放入多维贫困研究视野中，并作为贫困的一个维度着重研究。中国农民工现象具有历史性和特殊性，它依赖于中国特有的历史背景和国情。因此，把中国农民工的精神贫困放入多维度视角下的研究更是少之又少。为了更好地借鉴其他学者的研究成果，我们梳理了国内外对精神贫困和农民工精神贫困的研究现状。

国内学者对精神贫困的研究主要集中于降低精神贫困的重要性，农民工精神贫困的成因，以及降低农民工精神贫困问题的对策上。陈万全（1994）指出，精神贫穷之所以不是社会主义，是因为我们要建设的社会主义国家，不但要有高度的物质文明，而且要有高度的精神文明，社会主义物质文明和社会主义精神文明都是建设有中国特色社会主义的重要组成部分。刘相（1995）也从领导干部的角度，提出了建设精神文明、减少精神贫困的重要性。吴勇（1997）从扶贫一线考察回来后，深刻思考了农村精神贫困现象，指出不仅要重视农村的经济建设，精神扶贫也应该受到足够的重视。余德华（2003）认为，精神贫困对贫困人口的脱贫致富起着严重的阻碍作用，阻碍农村经济发展的步伐，影响贫困地区市场经济体制建设的进程。因此，贫困地区要想进一步发展，摆脱精神贫困也很关键。黄颖（2012）认为，新时期我国物质贫困的问题得到了有效遏制，但精神贫困的人数日益攀升。因此，要从精神贫困的概念界定入手，分析新时期我国精神贫困滋长的原因，从根本上解决精神贫困问题。吴稼稷（2002）指出，精神贫困是欠发达地区发展的重要障碍。发达地区的社会发展必须深入开展反精神贫困运动，促进人的解放和"两个文明"的全面协调健康成长。王尚银（2000）提出了精神贫困的概念，并深入探究了我国精神贫困的形成原因和特点。他认为，物质贫困在形成精神贫困上起了很大的作用。另外，教科文的不发达是形成精神贫困的直接原因；中国人口过多，负荷过重是形成精神贫困的社会原因；长期小生产形成的封闭性影响是精神贫困产生的历史原因。牛丽丽（2011）通过问卷走访，发现造成农民工精神贫困的原因是多方面的，即有物质条件的制约、自身文化素质的局限，也有公共文化设施的缺乏、组织体系的缺失、相关制度的不完善等。并提出了切实可行的方法解决农民工的精神贫困问题。张敦福（2001）指出，农民工在家乡和城市生活之间的对比下，产生了不适感，这使得他们往往会产生精神贫困问题。农民工在家乡具有年纪轻、见多识广等优势，但一旦到了城市，他们产生了失去优势后的不安、失落和挫败感，对未来产生迷茫，他们的交友圈子也逐渐缩小，因而引发精神贫困。林娜（2009）从多维度的视角下看待农民工的精神贫困问题，将农民工贫困总体上划分为物质贫困、权利贫困与精神贫困三种类型。她认为农民工贫困的根本原因是，原来存在于城乡之间的结构性矛盾被移植到了城市里。因此，应该把农民工贫困问题纳入现有的反贫困机制，出台更有针对性的措施，综合治理。杨云峰（2007）提出，要想解决农民工的精神贫困问题，需要针对农民工思想观念的嬗变、农民工角色认知的差异、农民工人际交往的差序格局、农民工参与机制的失调等开展一系列的引导农民工参与的活动。余娜（2011）认为，要想解决农民工的精神贫困问题，需要在农民工和城市生活之间构建一条道路。通过在农民工所在社区开展一系列文化活动和为农民工提供法律援助，对生活困难的农民工给予社区的救助，可以有效减少农民工的精神贫困。杨堃（2011）提出农民工没钱上网，缺乏必要的时间和渠道来获取文化知识等因素，使他们处于精神贫困状态。因此，应该发挥图书馆应有的作用，为农民工去图书馆学习提供良好的机会和平台。沈年耀（2007）提出要从营造氛围、改革制度、转变观念、提高农民工自身素质等诸多方面出发，构建农民工精神生活关怀体系，以减轻农民工的精神贫困状况。

国外学者大多关注物质贫困，也有一些学者研究其与精神健康问题之间的联系，却鲜有将眼光放到精神贫困的维度和具体表现，并对精神贫困进行测量。达斯等（Jishnu Das et al.，2007）认为，物质上的贫穷，如女性、寡妇和健康状况较差的人更容易产生精神贫困。哈南笛塔等（Wulung Hanandita et al.，2014）通过对印度尼西亚贫困地区的精心调查发现，物质贫穷，特别是消费的减少，会导致精神上的贫困。消费每降低1%，就会使精神贫困问题增加0.62%。然而，也有些学者认为，人的物质水平并不能直接决定精神满足。迈克洛斯（Michalos，1985）从期望理论角度入手，认为个人的满足程度与自身期望水平有关。如果物质收入水平达到期望值，人就会快乐，相应的精神贫困问题也会减少。还有些学者研究移民工人的精神问题，与中国的农民工类似，他们也在一定程度上存在精神压力，呈现出精神贫困特征。塞克维克等（Per Øystein Saksvik et al.，2010）调查了924名从事食品饮料行业的工人，发现相比当地工人来说，移民工人更容易遭受加班、精神问题和过度压力。而农民工作为从农村迁移到城市的劳动力，往往也会感受到精神问题，导致精神贫困。蔡佳欣等（Tsai Jenny Hsin‐Chun et al.，2009）通过对亚洲移民工人的研究，发现社会歧视、工作压力和缺乏社会支持会造成他们的精神贫困，并最终导致工作表现的下降，给企业利润造成不利影响。总的来说，国外虽然对移民工人的精神状况有一定的研究，但根本上还是有别于中国的农民工精神贫困。因此，研究中国农民工精神贫困决不能照搬外国研究理论，国内研究任重而道远。

三、农民工精神贫困的测度：以建筑业为例

本书为了探讨农民工的精神贫困情况，对我国不同地区的农民工进行了抽样调查。调查样本在东部、西部、中部、南部和北部区域抽取6个城市。其中，我们选取了3个发达城市，3个欠发达城市。在每个城市随机抽取8个建筑工地，每个建筑工地随机抽取50个样本，每个城市合计抽取400个样本。本次调查共计抽取样本2400个，拟采取系统抽样及配额、简单随机抽样相结合的办法。

经过我们对我国建筑业精神贫困的测量，结果发现农民工的精神贫困主要由社会关系和社会参与两个方面构成。

（一）社会关系对农民工精神贫困的影响

社会是由人与人之间的相互关系所构成的，社会关系的好坏将会对人们的心理产生重大的影响。对于本次所调研的对象——建筑业的农民工来说，他们在日常的工作、生活中所接触的人可以分为三大类。首先，是他们的亲人，很多农民工都是与家人一起离开农村前往城市打工的；其次，是与他们平级的工友；最后，就是他们的上级管理人员，包括班组长或者是劳务公司的经理等。因此，我们分别调查了农民工与工友，以及与上级管理人员之间的社会关系的好坏，并通过对比的方式进行分析，如图6-1、

图 6 - 2 所示。

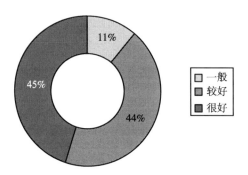

图 6 - 1　农民工工人间关系

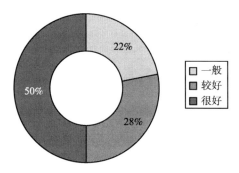

图 6 - 2　农民工与班组长、劳务经理的关系

调研发现，农民工工人之间普遍相处得较好。但是，不可否认的是，这其中可能存在着一定范围内的误差。因为农民工们可能不太愿意表露自己内心的不满，因此，我们还收集了农民工与上级管理人员之间的社会关系的数据与之进行对比。从对比结果中我们可以看到，相对于工人之间的关系，农民工与上层管理人员之间的关系更加趋向于两极化。由此可见，农民工在社会关系中与他人相比还处于一种相对弱势的状态。

在问卷中，我们还对农民工在遇到困难时得到哪些人的帮助进行了数据的收集。根据数据显示，农民工所接受的帮助来源排名前五位的是：家庭成员，老乡，工作单位/老板，亲戚，朋友/同学。而来自城市居民、公益组织和当地政府的帮助比例相对来说则低得多，如图 6 - 3 所示。由此，我们也可以看出农民工在城市中实际上并没有得到太多在社会关系上的改变与提高。我们认为，针对这一现象，政府应该在提供更多的援助措施的同时，更要注重人们观念的改变，特别是城市居民对待农民工的态度方面。具体的政策建议在下文中进行阐述。

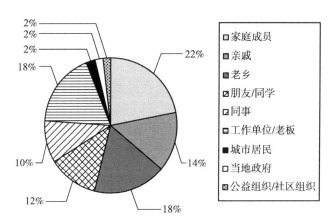

图6-3　遇到困难时得到的帮助来源

（二）社会参与度对农民工精神贫困的影响

社会参与度反映了农民工在闲暇时的生活状态与意愿。首先，我们调查收集了农民工的业余活动状况的数据。

根据调研结果，我们发现，有大约15%的农民工选择了没有业余活动一项。根据进一步的调查发现，其原因主要是没有空闲时间。同时，我们也可以从统计结果中看出：逛街、逛公园这种耗时较多且时间不灵活的业余活动所占的比重较少；而看电视、上网、读书这种时间较好控制并且在宿舍就可以进行的活动所占比例最大。由此可见，农民工在完成了每日的工作任务后，通常没有足够的时间或者精力来开展业余活动，如图6-4所示。

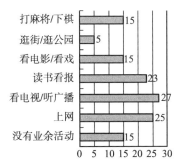

图6-4　农民工参与业余活动情况统计

　　同时，我们对农民工参与一些社会活动的意愿和经历进行了调查。根据表6－2的数据显示，从总体来看，农民工对于这些社会活动有着相当高的参与意愿，但绝大部分农民工都没有参加这些活动的经历，充分显示了农民工的精神贫困现象。由此可见，在这一方面的相关政策、措施还需改善的空间较大。同时，通过纵向对比，我们可以看到，农民工参与文化体育活动的意愿最低，参与社会公益活动（如献血、做义工等）的意愿其次。究其缘由，与农民工自身的知识文化水平有关，也与其阅历、眼界及精力有关。大部分的农民工自身的文化程度有限，同时，繁重的工作可能也会让他们参加占时较多的文化体育活动的意愿下降。而据我们的调查，部分农民工对于献血一类的公益活动有一些不正确的认识，这也是影响他们参加社区公益活动意愿的原因之一。因此，本调研小组认为，应该对农民工进行相关的知识教育；同时，当地政府或者一些公益组织可以适当地组织一些活动以满足农民工们的参与意愿，从而改善农民工的精神贫困情况。

表6－2　　　　　　　　　　　农民工参与社会活动情况　　　　　　　　　　单位：%

活动类型	参与意愿		是否参加过	
	愿意	不愿意	是	否
文化体育活动	77.8	22.2	5.6	94.4
社区公益活动	83.3	16.7	16.7	83.3
业主委员会活动	94.4	5.6	5.6	94.4

　　在上述调查的基础上，我们还调查了老乡会、兴趣文化组织和维权组织在农民工当中的普及情况。根据我们的调查样本的数据显示，有44.4%的农民工参与了老乡会活动，27.8%的农民工参与了兴趣爱好组织，而参与维权组织的农民工仅有11.1%，均没有过半，如图6－5所示。

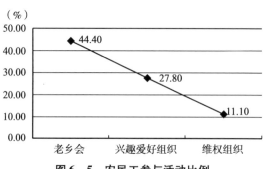

图6－5　农民工参与活动比例

　　而据我们收集的基本资料，在我们调研的样本中，农民工主要来源于江苏、四川、山东三个省份，并且大部分都是老乡。因此，老乡会的参与人数没有过半只能说明凝聚力较弱。而维权组织的参与人数最低，可能是两个方面的原因，一个原因是农民工目前的权益相对于从前得到了提高，另一个原因则是农民工在这方面的法律意识仍然较低。

第二节　农民工精神贫困的成因分析

　　农民工精神贫困不是孤立存在的，它往往和诸如物质贫困、权利贫困、福利贫困等交织在一起，并相互影响。

　　农民工进入城市以后，由于工资水平较低，难以支付高额的房租，因此，大多居住在简陋的工地或群体租房居住，医疗卫生和基本的生活标准很难得到保障，呈现出物质上的贫困；此外，农民工受教育水平较低，大多处于初中水平，很少与用工单位签订劳动合同，在权利受到侵害时，往往不知道如何利用法律武器维护自己的合法权益，体现出了权利上的贫困。大多数农民工由于户口的限制和自身的流动性，很难享受到城市生活应有的福利保障，也很少参与社会保险，存在着福利上的贫困；工地出于利润考虑，不愿意投资大量的钱为农民工进行专门的培训，农民工则怕耽误工时，影响收入，很少参加专门机构组织的培训，使得农民工自身职业技能水平有限，很难从事技术性工种，并最终导致了能力上的贫困。物质贫困、权利贫困、福利贫困和能力贫困都属于显性贫困，可以观察得到，也比较容易测量。精神贫困属于隐性贫困，它既受到其他四个方面客观条件的影响，也取决于人的主观感受，具有隐蔽性和脆弱性。对于农民工这个特定群体来说，他们经常加班，很少与当地人进行沟通交流，往往会出现自闭、内心狭隘、自卑、精神空虚等精神问题。

　　我国建筑业农民工精神贫困的成因大致可以分为两个方面的因素，包括内部因素和外部因素。外部因素包括经济因素，制度因素，文化因素和地域因素；内部因素包括农民工自身的素质和适应能力。

一、农民工精神贫困形成的外部因素

　　外部因素对农民工心理健康的影响虽然不是直接的，但却具有广泛而

深远的影响，为研究建筑业农民工的精神贫困问题提供了背景。外部因素是宏观因素，往往在短时间内很难改变。外部因素的发展变化，最终将会影响农民工的精神贫困状况。

（一）影响农民工精神贫困的经济因素

中国虽然在20世纪90年代提出社会主义市场经济，但小农经济在中国广大农村根深蒂固，具有分散性、封闭性和落后性等特征。农民长期在田间劳作，很少与外界进行沟通交流，思想上具有封闭性。小农经济自给自足的特点在一定程度上造成了农民不思进取，导致了农民观念的落后性。中国自古以来安土重迁的传统也让农民的思维比较保守。随着社会主义市场经济的发展，越来越多的农民为了寻求更多的工作机会而进城务工。他们在涌向城市的同时，也将自己在农村生活中形成的固有观念带入了城市。城市的生活节奏快，在思想上也比较开放和包容，而农民工精神上的封闭与城市的生活格格不入，并最终在一定程度上导致了农民工精神贫困。随着中国城市化进程的加快，建筑业也得到了发展。建筑业农民工从业人数多，生活条件比较艰苦，长期在工地居无定所加深了他们的漂泊感，与根深蒂固的小农经济思想形成了巨大的反差，从而为精神贫困提供了诱因。

（二）影响农民工精神贫困的制度因素

农民工进入城市后，由于其流动性大，很少在一个地方定居，经常往返于各大城市之间，各项福利制度很难得到保障和落实。中国在针对农民工方面的户籍制度、医疗保险制度、住房制度、养老制度、培训制度等方面还有待完善。制度的缺失使得农民工无法像正常的城市工人那样享受应有的待遇。这种制度的不平等也造成了农民工自身心理对自我认知的差异。他们认为自己是生活在城市中的"边缘人"，缺少认同感和归属感，经常游走在城市的边缘，觉得自己"低人一等"。久而久之，这种观念会在他们心中不断地强化，并越来越疏远城市的生活，最终使他们产生自闭、自卑等心理现象。建筑农民工长期从事劳动强度较大、危险系数高、工作时间长、工作环境差的工作，更加迫切的需要相关制度保障，来维护自身的合法权益，促进其心理健康发展，减少精神贫困。

（三）影响农民工精神贫困的文化和地域因素

一方面，我国还处在社会主义初级阶段，带有社会主义初级阶段固有的矛盾：人民日益增长的物质文化需求与落后的社会生产力之间的矛盾。中国的公共文化设施缺乏，尤其是农村地区，很少有村镇图书馆和文化娱乐设施，导致了农民精神生活匮乏。他们到了城市以后，也缺乏相应的培训，不知道如何使用这些公共文化设施，很少参与文化活动，因此，精神生活很难得到满足。另一方面，中国地大物博，人口众多，各个区域的文化和经济发展水平差异较大。不同地区的人们都带有自身地区文化的烙印，并且反映到日常的工作和行为习惯中。风俗文化和生活习惯的不同使不同地区的农民工交往起来会比较困难。建筑业农民工来自全国的四面八方，他们方言不同，又没有经过系统的普通话培训，在沟通方面也存在着一些障碍。这些文化和地域的限制使得农民工经常活动在一定的社交圈子里（往往在同乡、亲戚和朋友之间），很少与外界沟通交流。一旦生活环境改变，失去了原来的社交圈，他们便会产生理想信念缺失、自我认知匮乏、内心空虚、不思进取等精神贫困的相关问题。

（四）影响农民工精神贫困的社会因素

社会因素在这里主要是指社会层面存在的不平等因素。当今社会，随着社会主义市场经济的发展，经济增长的活力得到了释放，但是也应该看到，市场经济给人们精神生活带来的不利影响。西方资本主义市场经济中的拜金主义和金钱主义正在腐蚀中国人民的精神生活，人们对成功的评判标准不再看重个人的道德、品行和对社会的贡献，而是数字化和金钱化的成功。金钱越来越成为评判成功与否的唯一标志，金钱也成了个人能力、付出，甚至是人生意义的标尺。在这样的情况下，收入低下的农民工往往被贴上了"不成功""没能力""没素质"等标签。更有甚者，认为农民工在这个社会上可有可无，农民工的命不值钱，等等。这样的现状对农民工内心产生了极大的伤害。另外，个别农民工素质的低下给农民工整体造成了不利影响。在长期的历史发展中，人们常常会形成对某件事刻板的看法和偏见。比如，由于看到某个地区某一个人做的坏事，便会联想到整个群体，对整个群体形成不好的看法。中国的农民工，尤其是建筑业农民工，从业人数大，个别农民工可能素质不高，在公共场合做了一些不文明的行为，于是，人们往往会对整个农民工群体产生偏见。虽然很难一时改变人们对每个群体的看法，但随着时间的推移，人们观念的进步和农民工文化素质的提升，社会歧视现象得到了缓解和消除。

二、农民工精神贫困形成的内部因素

内因是决定事物发展的关键因素。在农民工精神贫困问题上，内部因素起了决定性作用。内部因素既包括农民工原有的自身文化素质，也包括他们到城市以后，适应城市生活的能力。同时，由于建筑业农民工的生活环境与城市居民相互隔离，形成了精神孤岛效应，使农民工的精神状况进一步恶化。

（一）农民工自身素质因素的影响

总体上来说，我国建筑行业进城务工人员的文化教育程度偏低，而且其与文化层次较高的人群接触的机会相对较少，接受知识和教育的机会相对较少。这一文化构成特点，是影响建筑业农民工业余精神文化生活的重要因素。《2016 年全国农民工监测调查报告》显示，70% 以上的外出农民工处于初中及以下文化水平。到了城市以后，由于物质、权利和福利方面的贫困，他们很少有机会得到适当的技术培训，提高自身的技能。较低的文化水平使得农民工更倾向于待在原有的熟人社交圈里，不愿意涉足新的领域，结识新的朋友。自身素质长期得不到提高，反过来也加深了农民工的权利贫困和精神贫困。一旦农民工自身的技术水平难以满足城市的就业要求，就容易产生挫败感、失落感和自卑感，还有无奈和迷茫，这些感觉如果长期不能得到缓解和释放，就容易造成种种心理问题。建筑业农民工的工资根据农民工技术水平和工种的不同，有较大差异。力工的工资普遍较低，而技术工人，如水电工和机械操作手，工资较高。这种由自身素质的不同带来的工作待遇的不同，以及缺乏相应的技术培训来提高自身素质，会使农民工感觉到不公平和迷茫，甚至心理扭曲。

（二）农民工适应能力的影响

农民工相比于原住地农村的其他人，具有见多识广、年纪轻、文化程度较高等方面的优势，一旦他们来到城里，相比于城市市民来说，原有的优势很可能丧失，给他们自身带来心理落差，使他们很容易产生消极、悲观、失望等情绪。另外，农民工在外出务工以前，长期在农村居住，对城市的生活环境感到陌生；到了城市之后，原有的生活方式和交往方式很难得到维持，对于城市的生活，他们往往会感到无所适从。他们一般很少跟当地人交流，遇到困难也主要是向亲朋好友求助，与用工单位的关系也一般，这些都直接造成了农民工内心孤寂、生活环境单一、精神空虚等问题。

（三）城市中的"精神孤岛"现象

建筑业农民工的精神文化困境是社会转型期的特有产物。建筑业农民工虽然在城市，但是他们大多居住在施工现场的工地里，平时主要和工友聊天，很少有时间和外界接触。他们一般一周工作 6～7 天，从而影响了其从外界获取知识信息和对文化生活的需求满足。调查结果表明，建筑业农民工业余文化生活贫乏，平时工作之余的时间，主要是"看电视"（53.4%），其次是"找老乡聊天"（9.0%）、"看书看报"（9.0%）、"逛街"（8.1%）、"打牌、打麻将"（4.6%）、"看电影"（3.5%）、"听广播"（3.3%）、"去歌舞厅娱乐"（2.7%）、"上业余学校培训班"（1.2%）。农民工选择看电视、聊天、逛街、打牌等这种"免费"方式作为消遣，大多是出于无奈的被动选择。通过对建筑业农民工精神文化生活的调查，可以看出，生理和心理上的压抑，是一个普遍的现象。将近 80% 的建筑业农民工会思念家人，感到孤独或感到心理压抑。进一步分析显示，社会角色边缘化使农民工多重基本生理和心理需求无法得到满足。而其基本生理和心理需求如果长期严重缺失，则容易导致"自我失衡"。即个体在精神和生理需求满足感的匮乏状态下，由缺失激起的高度焦虑，会破坏心理元素之间原本平衡或大致平衡的格局，导致农民工们不同程度地陷入心理压抑、浮躁、郁闷和萎靡不振等精神状态之中。久而久之，长期封闭的工作环境造成了"精神孤岛"，并形成了一个恶性循环。

第三节　农民工摆脱精神贫困的对策

新中国成立以来，国家一直致力于扶贫减贫工作，也在减少绝对贫困方面做出了一些成就。但是，在中国，特别是在农民工这个群体中，相对贫困问题依然严重，特别是农民工精神贫困问题，已越来越成为影响农民工就业和工资的重要因素。因此，在科学论述和认识精神贫困的基础上，需要设立一些减贫措施，从根本上减少农民工的精神贫困问题，促进其全面发展，构建社会主义和谐社会，实现共同富裕的伟大目标。

（一）引导农民工和全体社会成员树立正确的价值观

党的十八大以后，习近平总书记多次对社会主义核心价值观进行论述和强调。构建富强、民主、文明、和谐、自由、平等、公正、法治、爱国、敬业、诚信、友善的社会主义核心价值观，有利于提高全民族的思想文化素质，也可以引导农民工树立正确的价值观，使他们在社会主义市场经济中保持正确的价值取向，减少精神贫困问题的产生。据调查，农民工存在不同程度的"仇富心理"，他们认为富人的钱是通过不正当的手段得来的，有少数农民工甚至会对富人进行打击报复。这样的心理不仅不利于社会的和谐与稳定，对农民工自身的伤害也是极大的。长期处在这种心理失衡状态下，严重危害了农民工的工作和生活。因此，大力倡导社会主义核心价值体系，将农民工的精神建设纳入到国家精神文明建设中来，并制定针对性的政策，着力改善农民工的精神状态。通过电视节目宣传、报纸、杂志、标语等形式，营造一个干净、良好的精神文化氛围，让农民工在社会主义文化的大氛围中，潜移默化地树立正确的价值观。另外，当今社会的"金钱主义"和"拜金主义"等不良风气也在腐蚀着全体社会成员的价值观。当大家把越来越多的目光转移到金钱上，并将金钱作为个人能力和品质的唯一评判标准后，这种价值观的扭曲会让农民工这个低收入群体受到更多的歧视，不利于农民工健康的精神生活。因此，全社会都应该以社会主义核心价值观为导向，摒弃不良风气，为农民工营造健康的精神环境，使他们能够真正享受到平等的社会生活。

（二）完善户籍制度和社会保障制度

户籍制度是影响农民工各项权利落实的重要因素。应该加快构建城乡统一的户籍管理制度，消除城乡分别管理的二元户籍制度，实行城市和农民工待遇一体化，构建平等的社会制度。户籍制度的统一也有利于解决农民工子女的受教育问题，让农民工子女可以平等地和城市居民子女进行竞争，减少农民工的精神负担。同时，应该为农民工提供教育、医疗、住房等方面的保障，增强他们的认同感、安全感和归属感，使他们能够在城市中安家落户，为他们的工作和生活提供保障。

（三）构建公平的就业和工资制度

农民工相比于城市居民来说，在找工作时或多或少存在着就业歧视现象。在相同的条件下，用工单位更愿意招收城市居民，农民工往往从事又脏又差的工作。应当构建城乡统一的劳动力市场，根据员工的能力而不是身份选拔员工，构建公平的就业制度。对于那些从事艰苦工作的农民工，应当给予必要的补助，提高农民工的工资，减少收入差距。

（四）加强公共基础文化设施建设，丰富农民工的精神生活

农民工精神贫困，虽然一方面是由物质生活条件决定的，但与其自身的精神生活状况也紧密相关。应当大力加强公共文化基础设施建设，如建立农村图书馆，引导农民在闲暇时间通过读书学习来丰富自己。国家还可以定期在城市开展一些针对农民工的读书会、知识竞赛等活动，并设立一定的奖励机制，引导农民工积极参与，增强他们在城市的融入感和参与感。

（五）重视农村九年义务教育，加大农民工的职业培训力度

日本在战后颁布了《社会教育法》和《青年振兴法》，推出了系统的农民职业培训法规和相关配套制度，为农民工职业培训和进入其他产业务工提供了保障。我国在农民工就业之前，应该落实基础的文化教育，提高他们的基本文化素养。当他们进入城市务工后，为他们提供相应的职业技术培训，提升其劳动技能，以获得更高水平的工资。例如，设立农民工夜校，低价甚至免费为他们授课。农民工通过学习掌握相应的劳动技能后，将从事更高水平的工作，提高收入水平。收入水平的提高在一定程度上可以让农民工活得更自信，更有尊严。

（六）重视农民工的心理健康教育，提高农民工的思想道德素质

在农民工输出地，我们看到在中国城乡连续体底端，宗族、姓氏团体（含地方姓氏联合体和乡村集体单位）的血缘与地域观念具有持久的传统，乡规民约仍旧是有效的社会控制手段。因此，可整合并充分利用宗族亲属系统（如农村中的老人协会）与地方乡村行政系统（包括计生系统和妇联网络）的资源，对外出务工人员开展包括道德教育、健康教育、职业教育在内的综合宣教活动，从农民工的输出地源头上对其进行有效的、有组织的干预。在农民工流入地，应该定期为农民工开设一些心理健康教育课，为他们有因听课导致的旷工提供必要的补助。这些课程不仅能让农民工保持健康向上的心态，而且能让他们在听课的同时结识更多的朋友，丰

富其原有的交往圈子，减少其精神孤单问题的产生。那些较早离开乡村社会，能力很强的"熟人"（如包工头），是农民工组织和流动圈层的核心人物。"熟人"们作为农民工在城市生存资本、精神归属、危机处理的关键和依靠，毋庸置疑地成了农民工交往互动差序格局中的"权威"人物。农民工流动性强，周期和地点不易把握。相关部门（公共卫生、健康教育等）可根据施工项目的劳动力组织架构，在宏观层面上通过建筑公司的项目经理部寻找经常合作的大小包工头，并对其进行先期培训，使他们成为同伴教育者；并利用包工头通过多年业务往来和地方信任而构建的次级关系网络不断扩大同伴教育的规模，这样就可掌握农民工在建筑业中的流动规律和艾滋病认知状况。微观层面上，可利用农民工的内部组织形态来扩大干预范围。培训人员和包工头可将心理健康宣教任务传输给直接负责生产和技术的小组长（由于技术全面且经验丰富，受到农民工群体的佩服和敬重），由他们在生产作业、日常闲暇及在不同建筑工地的整个流动过程中，使用工友们熟悉的语言和方式，对农民工进行心理健康知识的宣教。社区也应该构建农民工和当地市民的互动平台，使农民工有机会和当地人进行沟通交流，拓展他们关于城市生活的知识和见解，能够真正融入城市生活中去。

（七）建立和完善农民工工会组织，保障农民工的合法权益

农民工作为弱势群体，需要专门的机构为他们维权。对于从事同一行业的农民工，如建筑业，他们会有相似的利益诉求。建立行业工会组织有利于为农民工集中维权，使农民工能够在权利受到侵害时不至于盲目地采取极端手段维权，给社会带来不利的影响。合法权益的保障最终有利于农民工精神的健康发展。

（八）弘扬农民工优秀事迹，重塑农民工形象

大力弘扬农民工优秀事迹，一方面可以塑造农民工的良好形象；另一方面也可以使那些对农民工持有不好印象的市民转变观念，用辩证的眼光看待农民工，尊重农民工，减少对他们的歧视。整个社会对农民工的尊重有利于使他们能够平等自信地融入城市生活中，更加体面地工作，减少精神问题的产生。

第七章

农民工多维贫困：权利
维度的贫困

改革开放近 40 年来，随着城镇化的大幅度推进，大量农村剩余劳动力进入城市投身于城市建设，为社会发展、城市进步做出了巨大贡献。但农民工却没有能够分享经济改革和发展的成果，他们得到的少之又少。农民工群体工资水平低、社会保障不足、劳动环境差等众多问题并没有得到改善或解决。在城乡二元结构体制的运行下，农民工在进入城市后，不仅没能摆脱原有的贫困，还表现出更为复杂的多重贫困特征。农民工的贫困为中国的扶贫减贫事业带来了巨大的挑战。为了全面建成小康社会，完成减贫事业，实现中国梦，在实施原有扶贫减贫政策的前提下，必须要着力解决农民工这一特殊群体的贫困问题。

农民工的权利贫困主要表现为经济权利贫困、政治权利贫困和社会权利贫困 3 个方面，[①] 是农民工贫困的根源，与农民工其他维度的贫困有重大关联。为深入研究农民工的贫困问题，必须重点研究权利贫困这一维度。本研究以中国北京、深圳、西安和大庆 4 个城市的建筑业农民工为研究主体，以农民工的权利贫困维度为研究方向，并从建筑业农民工权利贫困的表现形式、权利贫困的成因，以及减贫的措施 3 个方面对建筑业农民工的权利贫困问题进行了重点研究。

---

① 林娜. 多维视角下的农民工权利贫困问题研究 [J]. 中共福建省党校学报, 2009 (1)：50 - 55.

第一节　权利贫困的界定与理论探讨

一、由贫困概念向权利贫困概念的延伸

（一）贫困概念的界定向更宽的幅度延伸

贫困概念的确定是贫困测量的基础。长期以来，国外研究贫困问题的学者将贫困理解为是一维概念。传统的贫困概念是指收入过低，即家庭收入低于某个标准。以收入度量贫困，其隐含的假设是：凡是贫困线以上的个体都能够通过市场购买而达到最低功能性的福利水平。在一维概念框定下，贫困仅指经济上的贫困，依据一个人维持生计所需的最低收入或消费水平即贫困线（阈值）作为是否贫困的标准（Mollie Orshansky，1963）。如世界银行曾根据 33 个发展中国家贫困状况的研究结果，规定 1 天 1 美元作为极端贫困（extreme poverty）的标准和 1 天 2 美元作为贫困（poverty）的标准。在一维贫困研究的基础上，人们越来越深刻地认识到仅仅用收入来表征福利是远远不够的：一方面，收入作为度量福利或福利缺失（贫困）的一个维度显得过于狭隘，它并不能完整地反映其他维度的问题，如预期寿命、识字率、公共产品的提供、自由与安全，等等；另一方面，收入这个单一维度本身，在某些情况下又显得过于宽泛。因此，现在学术界在审视贫困时往往会选择多个不同维度，致力于寻找相关维度具有代表性的变量，并在这些具体维度之下确定贫困主体。阿马蒂亚·森将贫困看作对基本的可行能力的剥夺，而不仅仅是收入的低下（Sen，1999）。王小林则对贫困的定义进行了进一步拓展，从经济学、社会学、发展学和政治学四个学科视角对贫困进行了定义：即贫困在经济学上定义为收入不足、消费不足与资产不足；在社会学上定义为社会排斥；在发展学上定义为能力不足；在政治学上定义为权利剥夺（王小林，2012）。从多维角度把握贫困的实质，逐渐为学术界所认同。

在阿马蒂亚·森提出能力方法之后，许多学者对他的理论提出了批评，认为这一理论过于抽象，无法在实践中应用，面临的最大挑战是如何对多维贫困进行测量。2007 年 5 月，牛津大学贫困与人类发展中心（Oxford Poverty and Human Development Initiative，OPHDI）主任 Alkire 和 Foster（2008）提出了多维贫困的识别、加总和分解方法。此后，阿尔凯尔（Alkire）、萨宾娜（Sabina）、玛丽亚·艾玛（Maria Emma）三位学者提出了多维贫困发生率（H）和贫困人口福利平均被剥夺的程度（A）两个概念。其中多维贫困发生率是指处于多维贫困的人口所占的比重，而贫困人口福利平均被剥夺的程度是指用各项指标来衡量的贫困人口福利平均被剥夺程度。多维贫困指数（MPI）是用 H 和 A 相乘得到。MPI 包括 3 个维度：健康，教育和生活标准，共 10 个指标。其中健康维度包括营养和儿童死亡率 2 个指标；教育维度包括受教育年限和入学儿童 2 个指标；生活标准维度包括做饭用燃料、厕所、饮用水、电、屋内地面和耐用消费品 6 个指标。①

（二）权利贫困概念的提出

物质贫困是一种经济现象，而权利贫困则体现一种社会现象，权利贫困产生的根源是城乡二元结构的制度安排，主要表现为政治权利、经济权利和社会权利的缺失。因此，在这里将权利贫困定义为：由于社会制度安排的缺陷，导致社会群体和个人无法充分享受到社会和法律赋予的政治、经济和社会等方面的权利，从而处于生活水平低下的状态。

二、阿马蒂亚·森的权利贫困理论体系

1998 年诺贝尔经济学奖获得者阿马蒂亚·森对穷人问题研究颇丰，素有"经济学界的良心"的美称。森把发展看作扩展人们享有实质自由的一个过程，实质自由包括免受困苦——诸如饥饿、营养不良、可避免的疾病、过早死亡之类——的基本可行能力。森的权利贫困的理论体系主要有以下三个方面：

（一）饥饿是贫困的特殊形态，贫困取决于资源禀赋和交换权利

阿马蒂亚·森在《贫困与饥荒》一书中提出了贫困研究的权利方法（entitlement approach）。权利方法把饥饿看作未被赋予取得一个包含足够食物消费组合权利的结果。即假设 Ei 代表一个社会中第 i 人的权利集合，

---

① 王小林. 贫困测量理论与方法［M］. 北京：社会科学文献出版社，2012：38.

Ei 取决于两个参数，即个人的资源禀赋（endoment）和交换权利映射，饥饿就是资源禀赋组合下降或交换权利下降导致的。

依据森的观点，资源禀赋取决于个人自身拥有的资产和能力。例如，一个农民拥有它的土地、劳动力和其他一些资源，这些共同构成他的资源禀赋。从这一资源禀赋出发，他可以生产出一个归他所有的粮食组合；或者出卖他的劳动力得到一份工资，用于购买包括粮食在内的商品组合；他也可以种植经济作物，通过买卖经济作物来购买粮食和其他商品；他还有很多其他机会。[①]

森认为，在给定一个人的所有权组合（包括其劳动力）的情况下，决定一个人交换权利的因素有：他是否可以找到一份工作，如果可以的话，时间有多长，以及工资是多少；他出售自己的非劳动所得资产能够得到多少收入，购买他希望得到的东西需要花费多少钱；用他自己的劳动力，以及他可以购买和管理的资源（或资源提供的服务）能够生产什么；购买资源（或资源提供的服务）的成本是多少，它能够出售产品的价值是多少；他有权享受的社会保障福利，以及他必须缴纳的税金等。一个人避免饥饿的能力依赖于他所面对的交换权利映射，饥饿的直接原因是个人交换权利的下降。[②]

（二）贫困是对基本可行能力的剥夺

森把贫困看作对基本可行能力的剥夺，而不仅仅是收入的低下。但可行能力贫困的视角完全不否认低收入是贫困的主要原因之一的观点，低收入可以是一个人可行能力被剥夺的重要原因。对基本可行能力的剥夺可以表现为过早死亡、严重的营养不良（特别是儿童营养不足）、长期流行疾病、大量的文盲，以及其他一些失败。基本能力被剥夺，即能力贫困，是导致贫困的深刻原因，而收入低只是贫困的表层原因和体现。[③]

（三）社会排斥是导致能力贫困的重要诱因

社会排斥包括性别排斥，劳动市场的排斥，信用市场的排斥，以及政府提供公共服务方面的排斥等。失业是一种典型的被动社会排斥，失业会导致多方面的严重影响，包括心理伤害，失去工作动机、技能和自信心，增加身心失调和发病率（甚至使死亡率增高），扰乱家庭生活和社会生活，

---

① ［印］阿马蒂亚·森. 贫困与饥荒［M］. 北京：商务印书馆，2001：62.
② ［印］阿马蒂亚·森. 贫困与饥荒［M］. 北京：商务印书馆，2001：9.
③ ［印］阿马蒂亚·森. 以自由看待发展［M］. 北京：中国人民大学出版社，2002：15.

强化社会排斥，以及加剧种族紧张和性别歧视，使人类陷入贫困的恶性循环。①

森的权利贫困理论体系突破了以低收入衡量贫困的传统，认为贫困是基本可行能力被剥夺，丧失自由发展机会的结果。森从多角度全面分析了社会、经济、政治等各种因素对贫困的影响，尤其重视社会制度因素在贫困产生中的决定性作用。森的权利贫困理论在很大程度上是全面系统的，具有很大的理论和现实意义。然而，森的权利贫困理论也存在以下几个缺陷：第一，权利不容易被界定；第二，权力关系所重视的是一个社会既定法律框架中的权利，有些财产转移会涉及这些权利的侵犯，比如掠夺或抢劫；第三，人们的实际食物消费水平低于他们的权利所允许的水平可能还有其他原因，比如无知、固定的饮食习惯或缺乏食欲等；第四，权利方法着重分析的是饥饿，必须把饥饿与饥荒中的死亡区别开来。②

三、权利贫困研究在我国学术界的延伸

贫困问题一直是学者们研究的重要领域，随着人类社会的不断发展，人们对贫困问题的认识也在不断演进。最初人们对贫困的认识主要集中于避免饥荒与营养不良这两个内涵。随着社会的发展，1901 年，英国学者朗特里（Benjamin Seebohm Rowntree）开始用收入标准来定义贫困。1963 年，美国经济学家欧桑斯基（Mollie Orshansky）开始用收入来定义美国的贫困。1981 年，世界银行开始对各发展中国家进行消费和收入贫困测算（也就是人们熟知的 1 美元/每天的贫困线）。1990 年，联合国开发计划署的《人类发展报告》第一次公布了人类发展指数（HDI），以阿马蒂亚·森的能力方法论为基础，从人类发展的视角定义和测量贫困。2010 年，联合国开发计划署的《人类发展报告》第一次公布了基于 Sabina Alkire 等测量的多维贫困指数（MPI），拓展了人类发展理论对贫困的测量。③

阿马蒂亚·森（Sen, 1999）提出权利、能力与贫困相关性研究成果后，权利贫困这一维度也得到了重视。他认为饥荒的原因在于权力的不平等。饥荒的发生是由于一个国家的一部分人拥有吃不完的权利，而另一部分人却忍受着饥饿。权力的不平等和分配的不平等产生了饥饿。因此，消除饥

---

① ［印］阿马蒂亚·森. 以自有看待发展［M］. 北京：中国人民大学出版社，2002：91.
② ［印］阿马蒂亚·森. 贫困与饥荒［M］. 北京：商务印书馆，2001：66.
③ 王小林. 贫困测量理论与方法［M］. 北京：社会科学文献出版社，2012：22.

饿，首先要消除权力的不平等。按照森的理论，向穷人赋权是解决贫困问题的根本途径。[①]

在我国，中央政府始终把扶贫作为工作的重中之重，对于贫困地区、贫困人群也做出了很多努力进行减贫，成果显著。但近年来，随着城乡二元结构体制的运行，城镇化进程的加快，城市农民工的贫困问题日益突出，也成了学者们研究的重点。近年来，国内学者从多维贫困的角度对农民工贫困进行了研究，加大了对城市农民工权利贫困这一维度的研究力度。

莫怡文[②]（2005）从社会权利贫困的角度出发，研究了农民工子女的教育问题，提出教育机会不平等、教育突进有限和制度保障的缺失是农民工子女教育出现问题的主要原因；樊丽淑、孙家良、高锁平[③]（2008）提出，农民工贫困主要表现在经济上的窘迫性、能力资源的欠缺性、享有社会权利的不足性、社会生活的低层次性、贫困的群体性和集中性，以及心理的不稳定性与承受能力的脆弱性这些方面，并从制度经济学角度分析了农民工贫困产生的原因；林娜[④]（2009）从物质贫困、权利贫困和精神贫困三个方面研究了农民工的贫困问题，认为权利贫困主要表现在政治权利贫困、经济权利贫困和社会权利贫困这三个方面；翟绍果、黄国武[⑤]（2012）运用权利贫困的视角，主要研究了农民工社会保障权利贫困的问题，提出了农民工社会保障权利贫困主要有显性和隐性两个方面，并提出了农民工社会保障权利贫困的原因及治理方法；喻林、唐建飞[⑥]（2014）认为，农民工的权利贫困主要表现在人权定位的缺失、政治权利的贫困、劳动就业等经济权利的贫困、文化教育权利的贫困、社会保障权利的贫困、权利救济机制的贫困6个方面，同时指出解决农民工权利贫困的关键在于解决权利立法的贫困，只有完善权利立法才能解决农民工的权利贫困

---

① ［印］阿马蒂亚·森. 贫困与饥荒［M］. 北京：商务印书馆，2001.

② 莫怡文. 权力的贫困——浅谈农民工子女教育困境的原因［J］. 台声·新视角，2005（2）：1-2.

③ 樊丽淑，孙家良，高锁平. 经济发达地区城市农民工贫困的表现特征及根源——基于宁波的实证研究［J］. 理论导刊，2008（5）：70-72.

④ 林娜. 多维视角下的农民工权利贫困问题研究［J］. 中共福建省党校学报，2009（1）：50-55.

⑤ 翟绍果，黄国武. 农民工社会保障权利贫困及其治理［J］. 四川师范大学学报，2012（11）：42-47.

⑥ 喻林，唐建飞. 我国农民工权利贫困的立法救济［J］. 宏观经济研究，2014（9）：17-25.

问题；侯为民[①]（2015）运用多维贫困指数，从物质贫困、权利贫困、精神贫困、能力贫困和福利贫困五个角度探讨了农民工的贫困问题，认为农民工的权利贫困主要包括参与权的贫困、迁徙权的贫困和社会福利获取权的贫困。

第二节　农民工权利贫困的表现形式

权利贫困是由阿马蒂亚·森为代表的国外经济学家在研究贫困问题时提出的一个贫困维度。他们发现，导致物质贫困原因的不仅仅是各种经济要素的不足，更深层次的原因是权利能力的贫困，所以治理与消除经济贫困的治本之道，是强化社会权利平等和保障社会权利的公正，即给人民增能赋权。农民工的权利贫困问题也是农民工贫困的关键问题。本书认为，我国建筑业农民工的权利贫困主要表现为以下三个部分。

一、农民工政治权利的贫困

所谓政治权利，即是法律规定的公民享有的参与国家政治生活的权利，是人们参与政治活动的一切权利和自由的总称。主要包括选举权，被选举权，政治自由，监督权，政治自由享有言论、集会、结社及游行示威等权利。农民工政治权利的缺失主要表现在选举权、被选举权难以实现，没有维护利益的合法渠道等方面。

（一）选举权、被选举权难以实现

目前中国公民的选举权、被选举权是建立在户籍制度基础上的，公民只有在自己的户籍所在地才会享有这两项基本政治权利。而农民工由于在城市里无法拥有合法的户籍身份而被排斥在城市的政治生活之外，同时，又因为离开家乡而很难参与家乡的政治生活，成为乡村选举的边缘人，这导致农民工在城市、农村都无法享受到合法的政治权利，严重影响了农民工的政治参与度。

---

① 侯为民. 城镇化进程中农民工多维度贫困问题分析 [J]. 河北经贸大学学报，2015（3）：99－105.

（二）农民工没有维护权益的合法渠道

据我们对北京、太原等地农民工的调查发现，目前，合法的并属于农民工自己的维权组织机构就是工会或者职工代表大会。工会是职工反应自身诉求，维护自身权益的合法组织，但目前，工会或职工代表大会形同虚设，而且农民工的参与度很低，数据统计显示，参与维权组织的农民工比例仅有 11.1%。农民工没有自己的维权渠道，更没有与自身利益相关的决策的表决权，失去了话语权与表决权。这导致农民工群体成了一个沉默的、被社会忽视的群体。

二、农民工经济权利的贫困

农民工的经济权利是指与经济利益相关的权利，主要包括劳动就业的权利，获得劳动报酬的权利，休息休假的权利，劳动安全卫生保护的权利等。经济权利贫困是指农民工在城市里无法保障与经济利益相关的权利的获得。

（一）劳动就业的权利受到限制

劳动就业权是指劳动者能够平等地就业和选择职业。但是，由于我国劳动力市场尚未成熟，农民工在劳动就业市场往往受到歧视或不公正待遇。农民工与城市工人一起工作，却未能享受同等待遇，包括劳动工资、医疗保险等。农民工在进入城市后大多数从事脏、累、苦、险的工作，缺少自由择业、平等就业的权利。

（二）获取劳动报酬的权利没有得到完全保障

所谓获取劳动报酬的权利就是按时按量获得劳动工资的权利。农民工在城市工作，却只能得到低于城市劳动力的工资，据国务院农民工工作领导小组办公室 2015 年 2 月发布的数据，外出农民工月平均收入只有 2864 元。同时，拖欠工资的现象仍然存在。在对建筑业工人的调查中发现，仍有 15.81% 的农民工表示有拖欠工资的现象，而且由于大部分农民工并没有签订劳动合同（数据显示有 23% 的农民工没有签订劳动合同），这对于获取劳动报酬的维权也造成了很大的困难，增加了社会的不稳定因素。

（三）休息休假的权利有待提升

休息休假权是指劳动者在参与一定时间的劳动后所获得的休息休假的

权利。统计数据显示，目前我国建筑业的"工作时长"问题是最突出的。根据多维贫困指数的分解，其贡献度在 25 个指标中是非常高的，对工人多维贫困的平均贡献度达到了 6%～7%，"节假日加班"这一指标，对多维贫困的贡献度为 3% 左右，建筑业已成为为数不多全天 8 小时以上连续工作的行业。同时，节假日加班的加班费也并没有完全落实，受调查的建筑业农民工仍有 40% 表示并没有获得节假日加班费。工作时间长、劳动强度大已成为建筑业农民工的重大问题。

（四）劳动安全卫生保护的权利难以实现

劳动安全卫生保护的权利涉及农民工自身安全的问题，是农民工的基本权利。很多建筑工地为了降低生产成本，不注意工作环境，不给工人提供必要的安全防护工具，导致建筑业农民工的劳动安全问题非常突出。数据显示，建筑业农民工"劳动防护品"这一指标对贫困的贡献度达到了 3% 左右，而且大部分的劳动防护品还需工人自费购买，说明农民工的工作环境和安全措施存在较大的问题。

表 7-1 的数据显示，建筑业农民工经济权利的贫困问题还是比较显著的。其中，有 41.08% 的被调查对象并没有与用人单位签订劳动合同，这为农民工的经济权利的维权带来了很大的难度；其次，有 15.81% 的农民工表示仍有拖欠工资的现象，近年来，为讨要工资而做出过激行为的现象越来越多，造成了极大的社会影响；再次，有 30.59% 的农民工存在加班且没有加班费的现象，这严重影响了农民工的物质生活、精神生活，也导致建筑业农民工成为城市里的"孤岛"，没有时间与实力去与外界接触；最后，有 28.75% 的农民工表示在工作时没有劳动防护品，而有劳动防护品的那部分又有 50% 是自费购买的，如图 7-1 所示。建筑业是个危险系数较大的行业，没有防护品就意味着时刻有着生命危险，近年来工伤纠纷事件时有发生，而提供劳动防护品则可以从源头上降低这一纠纷的发生。

表 7-1　　建筑业农民工经济权利缺失的具体数据表现

情况	是（%）	否（%）
（1）与用工企业签订用工合同	58.92	41.08
（2）最近一年没有遇到拖欠工资的情况	84.19	15.81

情况	是（%）	否（%）
（3）加班情况正常*	69.41	30.59
（4）工作时有劳动防护品	71.25	28.75

注：＊指不存在经常加班且不付给加班费的情况。
资料来源：问卷调查统计。

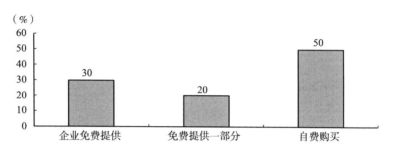

图7-1　建筑业农民工劳动保护品的获取途径
资料来源：问卷调查统计。

三、农民工社会权利的贫困

农民工的社会权利贫困是指农民工被排除在获得社会保障权利，获取社会公共资源、公共服务的范围之外。教育和医疗是政府应提供的最基本的公共资源与公共服务。

（一）社会保障权利的缺失

农民工的社会保障权利主要包括获得失业保险、医疗保险、工伤保险、养老保险等的权利，但是目前农民工在各项社会保险上的参保率却很低。首先，农民工存在严重的事业风险，农民工因为现有的户籍制度而无法享受城镇职工的失业保险，而用人单位也不会单独为农民工购买失业保险。其次，我国农民工在城市不能享有当地的医保，医疗保险程度低。这导致"因病返贫，因病致贫"的现象在农民工身上时有发生。统计数据显示，医疗保险对多维贫困的贡献度达到了6.5%，[①] 同时，通过实地调查我们发现，农民工由于进入城市就业，其在农村的农村医疗保险也无法得

---

① 资料来源于对调查问卷数据的分析.

到保障。最后，工伤保险在农民工群体中也没有得到很好的落实。而建筑业是个高危行业，工伤保险又恰恰是最需要的。数据显示，未办理工伤保险导致的贫困在多维贫困中的贡献度达到了4.8%左右。[①]

（二）社会活动参与度低

农民工群体在城市里是个相对孤立的群体，尤其是建筑业农民工。他们的活动范围基本上仅限于建筑工地这一块小小的区域。对于城市里举办的公益活动、文化体育活动，社区举办的社区活动，农民工的参与度都很低，这导致农民工的生存区域成了"城市孤岛"，对农民工的心理健康造成了极大的危害。问卷调查显示，有80%～90%左右的农民工没有参加过社会活动，但农民工本身却很愿意参加社会活动，如表7－2所示。

表7－2　　　　　　　　建筑业农民工参与社会活动的意愿及经历

活动类型	参与意愿		是否参加过	
	愿意（%）	不愿意（%）	是（%）	否（%）
（1）文化体育活动	77.8	22.2	5.6	94.4
（2）社区公益活动	83.3	16.7	16.7	83.3
（3）业主委员会活动	94.4	5.6	5.6	94.4

资料来源：问卷统计数据。

表7－2的数据显示，建筑业农民工对于城市里的活动如文化体育活动、社区公益活动、业主委员会活动的参与度非常低，最高的也只有16.7%。但是同时数据也显示，农民工对参与社会活动的意愿还是很高的，只是可能由于没有时间、没人组织等原因而无法参加。

（三）受教育权利的缺失

在受教育方面，农民工的权利也没有得到保障。这里农民工的教育问题不仅包括自身的技能培训也包括子女的教育。首先，农民工的教育问题主要是指农民工获得职业技能培训的权利。农民工的文化水平普遍偏低，职业技能水平低下，导致其劳动工资水平低、就业范围窄，难以获得很大提升。实地调查获取的数据显示，农民工的职业培训对多维贫困的贡献度

---

① 资料来源于对调查问卷数据的分析．

达到了 3% ~4%，受访的建筑业农民工有 51.93% 的人没有参加过与建筑业相关的技能或知识培训。① 其次，在子女受教育方面，这一问题主要表现为农民工子女难以享受平等入学的机会。农民工子女在城市中受到歧视，无法到城市的学校就读或需要缴纳大额借读费，只能到农民工子弟学校就读，而这些学校校舍简陋，教学配设和师资力量严重不足，这对农民工子女的教育带来了很大的危害，可能导致贫困的代际传承（不仅农民工这一代存在权利贫困，很大程度上农民工的下一代由于教育水平低下仍然存在权利贫困问题）。最后，农民工对社会活动的参与度很低，享受到的教育公共资源很少。

建筑业农民工权利方面的贫困更导致了其在物质方面、精神方面、能力方面和福利方面的贫困。比如农民工经济权利的缺失，使得农民工工资水平低下，导致其物质方面的贫困、社会权利的缺失，又使得农民工的职业培训不足，继而导致其能力方面的贫困等。因此，农民工的权利贫困不仅表现在权利本身，还表现在其他几个贫困维度上。

第三节　农民工权利贫困的成因分析：以建筑业为例

建筑业农民工作为城市建设的主力军，对城市发展、城镇化建设起着至关重要的作用。但是建筑业农民工重要地位的显现并未能给他们带来显性的收益，他们仍然受到各方面贫困的影响，包括权利贫困的影响。为了更好地解决农民工的贫困问题，尤其是权利贫困问题，需要分析清楚建筑业农民工权利贫困的成因，才能对症下药，使建筑业农民工的贫困问题早日得到有效解决。在我国城乡二元结构体制下，出现农民工贫困问题是一个必然现象。具体来说，造成农民工权利贫困的因素是多方面的，本书主要从以下两个方面分析权利贫困的成因。

一、农民工权利贫困的制度因素

（一）城乡二元结构体制是重要的制度障碍

城乡二元结构是指以社会化生产为主要特点的城市经济和以小农生产

---

① 资料来源于对调查问卷数据的分析.

为主要特点的农村经济并存的经济结构，主要表现为城乡之间的户籍壁垒，两种不同的资源配置制度，以及在城乡户籍壁垒基础上的其他问题。我国的城乡二元结构形成于 20 世纪 50 年代推进工业化的进程中。为了优先发展重工业，建设工业化国家，实现赶超计划，我国实行了城乡二元结构体制。在一定时间里，这一制度促进了我国工业化的进程，实现了经济的快速发展。但是，随着社会的进步，城乡二元结构体制却已经成了阻碍中国经济和社会发展的一个重要障碍。就农民工贫困问题来说，城乡二元社会结构产生的各项规章制度，如户籍制度、分割的教育体系、医疗制度、社会保障制度等严重加剧了农民工这一特殊群体的权利贫困。就户籍制度来说，我国目前的户籍制度是建立在城乡二元结构体制基础之上的，是与土地直接联系的，是以家庭、家族、宗族为本位的人口管理方式。它将农民工的户口身份始终限定在农村，严重阻碍了农村人口的迁移和自由流动。户籍制度不仅仅是人口管理，也演变成了身份的象征。没有身份的农民工在城市中失去了公平竞争、平等就业的权利。同时，与户籍制度配套的福利制度也阻碍了农民工摆脱贫困的步伐。目前城市里的公费医疗、社会保险，甚至公办教育都是建立在户籍制度基础之上的，农民工没有城市的户籍也就意味着享受不到这样的福利制度。

（二）劳动就业制度不健全

在劳动就业制度方面，目前城市的就业形势日趋严峻，竞争日益激烈。城市劳动力市场是分割的，存在一级劳动市场和次级劳动市场两个市场。一级劳动市场对人力资本的要求较高，主要是脑力劳动；次级劳动力市场的人群则主要是非熟练、没有特殊技能的就业者，主要是体力劳动。次级劳动市场往往劳动力供大于求，劳动力价格低廉。农民工由于文化水平低、职业技能低等自身原因只能进入次级劳动市场，他们的劳动工资低，工作环境差，就业不稳定。相较于一级劳动市场，次级劳动市场没有正规的就业体系和完善的社会保障体系，劳动力定价机制不合理，且大多没有签订就业合同，农民工的权益易受到侵犯。

（三）组织制度不健全

组织化程度低是农民工群体的重要特征，这导致农民工的权益无法得到保护。如工会是农民工表达利益的渠道和谈判平台，通过这一组织机构，农民工可以进行工资谈判、待遇协商等。而大多数农民工却根本不了解这一组织机构，更不了解它的职能。

二、建筑业农民工自身素质因素

建筑业农民工一般受教育程度低，文化水平不高。在对建筑业农民工进行的实地调查中我们发现，建筑业农民工的最高学历为大专，且只占受访建筑业农民工的14%，这部分农民工主要为工地的管理人员。同时，文盲在建筑业农民工之中，仍然占据着不可忽视的地位。而且在建筑业农民工当中，最为常见的学历为初中，占到41%，如图7－2所示。文化程度低导致农民工只能从事简单的体力劳动，处于职业岗位最底层，在城市中社会地位低下，经常受到排斥和歧视。同时，文化水平低也导致农民工缺乏法律知识，对相关法律法规缺乏全面的了解，更不了解关于自身的维权机构，导致他们无法利用法律武器维护自己的权益，维权意识低下。

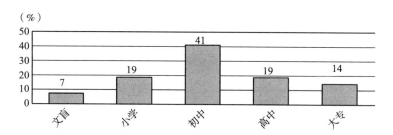

图7－2　建筑业农民工的文化程度

农民工的权利贫困是我国贫困问题中新的难点与重点，要消除贫困，就要解决农民工这一特殊群体的贫困问题。同时，农民工的减贫脱困也是民生关注的重点，是全面实现小康社会的重要组成部分。前文从两个方面具体分析了造成建筑业农民工权利贫困的原因，根据这些原因，可以有针对性地提出建筑业农民工反权利贫困的措施。

第一，改变城乡二元结构体制，构建城乡一体化。改革城乡二元结构体制最重要的就是深化户籍制度改革，消除对农民工的歧视。户籍制度是农民工无法获得各种权利的一个重要阻碍因素，它将农民工排除在城市的就业体系、教育体系、社会保障体系等之外。政府不应将户籍作为社会保障、公共服务等方面的唯一门槛，应当建立专门针对农民工的福利制度，消除城市对农民工的制度歧视。同时在就业领域，建立和完善统一开放、竞争有序、城乡一体化的劳动力市场，促进城乡平等就业。政府还应构建就业信息发布和咨询的相关平台，帮助农民工在城市里更好地获得就业。

第二，完善健全法律法规，保障建筑业农民工的合法权利。健全的法律法规是农民工获得权利保障的重要依据。健全法律法规要做到3个方面：其一，完善法律法规，保障农民工在维权时有法可依，保证农民工劳动用工合同的签订，同时在就业、培训、子女就学、医疗、社会保障等方面，政府也应出台健全合理的法律法规，保障农民工及其子女的合法权益；其二，对侵犯劳动者权利的违法行为规定具体的处罚措施，加大处罚力度，例如，对不保障农民工合法权益的用人企业，取消其可以雇用农民工的资格并处以一定的罚款等惩罚；最后，相关部门要加强对建筑业工地的安全生产的监管工作，要求企业严格执行国家关于安全生产的法律法规，定期开展检查，在法律上保障建筑业农民工的生产安全。

第三，构建多层次的社会保障体系，逐渐提高建筑业农民工的生产安全。目前在政策层面，我国农民工的社会保障体系还很不完善。因此，需要改革现有的社会保障体系，强制规定建筑业用人单位为农民工购买"五险一金"。同时，对于在城市里居住的农民工，要建立一套与农民工相适应的保障制度，如失业保险制度、工伤保障制度、最低生活保障制度，等等。

第四，提升建筑业农民工的职业技能水平和维权意识，提高农民工的整体素质。政府应当设立专门的农民工职业技能培训机构，同时与社会上帮助农民工的公益组织合作，加大对农民工的职业技能培训，提高农民工的就业能力，为农民工提供更多的就业机会，以获得更多的劳动报酬。政府应当发挥工会、职工代表大会等组织的维权作用，提高农民工的组织化程度，同时也提高农民工们的维权意识。另外，要监督用人单位依法保障农民工参加工会、职工代表大会的权利。农民工只有加入这些组织，才能强化与用人单位谈判的有利地位，节省交易费用。工会组织还可以发挥监督检查的作用，开辟农民工维权热线，通过合法途径督促用人单位履行法律法规规定的义务，维护农民工的合法权益。政府司法部门也要把农民工作为重点援助对象，积极参与并及时解决农民工关于劳动报酬、工伤赔偿等相关问题。

第八章

农民工多维贫困：福利维度的贫困

在以往对贫困的学术研究中，专家学者们常用收入、消费等货币尺度来度量贫困。虽然这种以货币为基础的贫困测算方法为研究提供了坚实的经济学理论基础，但却存在着巨大的缺陷[1]。贫困测量的最终目的是通过识别贫困的成因和特性从而减轻、解决贫困，因此，为全面实施贫困测量与减贫策略，突破物质的限制来考察特定群体的福利贫困显得尤为重要。

自 1978 年中国改革开放以来，大批农民从农村流向城市，截至 2014 年，全国农民工总量达 2.74 亿人，超过 80% 的农村外出劳动力进入城市就业[2]，为中国的经济增长、城市化进程、国民生活水平的提高均做出了巨大的贡献。然而，在中国的城乡二元结构、城乡户籍制度及一系列福利制度的背景下，农民工进入城市后在公平就业、福利待遇和权益保障方面并不能受到与城市劳工相同的对待。驱动农民进入城市就业的因素仅仅是劳动报酬相较于在农村务农时的收入较高。在城市的整体环境下，农民工就业群体的特征依然是工资水平低，劳动条件差，工作时间长，劳工权益缺乏保障，农民工始终身处社会财富"金字塔"的塔底。

城镇化的核心是人的城镇化，而农民工作为加速经济发展和城镇化进程的重要力量，他们的福利状况和福利保障制度的不断改善是实现城乡可持续发展的重要环节，"以人为本"的科学发展观必须贯彻到这一群体的社会福利政策中。农民工是连接农业与工业，农村与城市，农民与工人的关键桥梁，为探究农民工福利现状从而改善城市农民工的福利水平，本章将利用 2010 ~ 2014 年国家统计局统计的全国农民工监测调

---

① Sen Amartya K. , *Inequality Reexamined* (Oxford：Clarendon Press，1992).
② 国家统计局编. 2014 年全国农民工监测调查报告 [M]. 北京：中国统计出版社，2015.

查报告数据，结合现有文献分析，从农民工参保"五险一金"情况、农民工住房福利现状等角度，结合农民工外出就业基本情况做出相应的分析和建议。

第一节　福利贫困：贫困研究的再延伸

近年来，农民工劳动力市场的供求关系和农民工群体的组成结构正在发生巨大的转变。尽管中国农民工总量庞大，但自 2010 年以来，农民工总量的增速呈持续回落趋势。从增长结构来看，本地农民工增速快于外出农民工增速；西部地区的农民工数量增长快于东部、中部地区；农民工以青壮年为主，高中以上文化程度比例增加，接受技能培训的比例提高。因此，农民工劳动力市场供求关系和内部组成处在转型期，农民工素质的整体提高也在根本上改变着这个群体的特性和就业期望，如果政府、企业不针对这些变化做出相应的调整，农民工劳动力市场就会出现供求的失衡，造成人力资源和社会资源的巨大浪费。

随着农民工劳动力市场供求关系的变化，以及社会对农民工群体福利政策关注的不断增加，农民工外出务工的整体状况发生了一些积极的变化。从破旧的角度来看，农民进城就业的一些不合理限制被废除，如：取消企业使用农民工的行政审批，取消对农民进城务工的职业工种限制，不得干涉企业自主合法使用农民工，取消专门为农民工设置的登记项目等；从立新的角度来看，一系列保障农民工福利及权益的措施被陆续推进，如：解决农民工的工资拖欠问题，出台农民工参与社会保险的办法，保障农民工子女接受义务教育等。

一、社会福利与福利贫困

（一）社会福利的理论研究与探索

社会福利虽在不同民众群体、政府机构、学术研究中被广泛运用着，但社会对其内涵和外延并没有高度统一的概念界定。根据美国社会工作协会（NASW）1999 年出版的《社会工作词典》的定义："社会福利是一个宽泛的和不准确的词，它最经常地被定义为旨在改善弱势群体的状况的

'有组织的活动''政府干预'、政策或项目。社会福利可能最好被理解为一种关于一个公正社会的理念，这个社会为工作和人类的价值提供机会，为其成员提供合理程度的安全，使他们免受匮乏和暴力，促进公正和基于个人价值的评价系统，这一社会在经济上是富于生产性的和稳定的。这种社会福利的理念基于这一的假设：通过组织和治理，人类社会可以生产和提供这些东西，而因为这一理念是可行的，社会有道德责任实现这样的理念。"[1] 根据这一定义，"社会福利"既包括了抽象的社会理念，也包含了实际的社会福利状态和以政府为主导的社会福利制度。

陈银娥（2009）在《社会福利》一书中指出，社会福利状态是指人类社会，包括个人、家庭和社区的一种正常和幸福的状态，主要包括社会问题的调控、社会需要的满足、实现人的发展潜能等[2]。阿马蒂亚·森（1992）认为，社会福利不能仅靠物质财富的占有程度和个体对生活状态的满意度计量，还应该考虑个人在所处社会中能够实现的功能和实现这些功能应具备的能力[3]。因此，在提高社会福利的实践中，提供物质资源只是其中一个方面，同时还应注重个体能力的提升。

一些学者认为，社会福利制度则是指国家和社会为实现社会福利状态所做的各种制度安排，包括提高收入安全的社会保障的制度安排，主要涉及社会福利的目标体系、社会福利的对象、社会福利的项目体系、社会福利的资金和服务提供体系这四个方面[4]。狭义的社会福利的主要对象是不能通过市场、家庭等正常途径满足基本生活需要的特殊困难人群，而广义的社会福利则将全体公民作为福利服务对象，注重社会成员的多方面需求。因此，政府、社区、民间组织对于社会福利的不同理解也会导致社会福利制度的走向和社会福利分配的分化。

（二）福利贫困的界定

袁方等（2014）提出，根据可行能力理论，人们的福利水平不再根据其拥有的资源或商品的数量进行评定，而是依据功能性活动的大小。因此，对功能性活动的测量实质上就是对福利水平的测量。森（1999）曾提出了五种工具性自由：政治自由、经济条件、社会机会、透明性保证和防

---

① Barber, Robert L. ed., *The Social Work Dictionary*, 4th Edition (Washington D. C.: NASW Press, 1999), p. 2206.

②④ 陈银娥,潘胜文. 社会福利 [M]. 中国人民大学出版社, 2009.

③ Amartya Sen, *Inequality Reexamined* (Oxford: Clarendon Press, 1992).

护性保障。虽然对于农民工福利测量的指标组合还在不断地探索和完善中，但是可以通过以下几个方向来界定农民工福利贫困的范围，分析农民工福利贫困的程度，并提出可行的短期和长期解决方案。

第一，防护性保障。森（1999）指出，防护性保障是为弱势群体提供帮助的社会安全网。从中国的农民工群体现状来看，他们不但没有享受到应有的保护，还遭受到来自社会保障体系的政策忽视和精神歧视。从最基本的经济福利保障方面来看，农民工遭受意外事故的即时风险和长期风险都是现有政策和法律无法保护的，在已有的部分立法下，福利保护的落实和执行情况也不容乐观。农民工在防护性保障上的福利缺失，会直接影响到农民工抵御社会风险和他们所处行业风险的能力，归根结底就是对农民工可行能力的剥夺。

第二，经济条件。无论是从传统视角还是从功能性活动视角的贫困测量，经济条件都是一个极其重要的衡量指标。Brandolini（2007）认为，收入是决定一个人能否实现其物质生活诉求和精神生活追求的一个关键指标，对其他功能性活动的实现也存在重要的影响。而农民工在经济条件上的贫困不仅表现为低水平的经济收入，还表现为因为收入的相对剥削而导致的可行能力的绝对剥削①。

第三，精神状况。无论是雇用农民工的企业主还是农民工群体自身，都很容易进入"基本满足物质生活、不关注精神生活"的误区，从而导致了农民工精神生活的长期匮乏，难以在长期生活和工作的城市中找到归属感。

第四，政治自由。由于农民工的受教育水平普遍较低，在政治参与、为政策制定提供参考意见等环节不具备足够的参与条件和参与意识。农民工群体在保护自身合法权益的道路上尚且举步维艰，想要直接参与到发展完善农民工福利保障政策的过程中就更加困难。

第五，工作环境和企业中的福利待遇。农民工在工作状况方面的待遇普遍比城镇职工差，企业对农民工待遇政策的制定和执行远没有达到合理的人力资源管理水平，恶劣的工作环境、微薄的福利待遇既会损害农民工的福利状况和工作积极性，也不利于企业的长远发展。

---

① 袁方，史清华，卓建伟. 农民工福利贫困按功能性活动变动分解：以上海为例［J］. 中国软科学，2014（7）.

二、农民工社会福利政策研究

社会福利是社会政策的具体化，针对农民工群体提供的社会保护和针对农民工群体制定的社会政策可以反映出农民工社会福利服务的现状。

（一）农民工社会政策的演变

在农民工社会政策方面，学者们主要从现状、内容、建构模型选择、价值取向等方面进行了研究。李迎生（2006）在《社会政策与农民工群体的社会保护》一文中指出，农民工既不是传统意义上的农民，也不是真正的工人，这种特殊性使他们生活在农村与城市的夹缝中，拥有城市的工作却缺乏合法的城市身份，引发了社会对他们在经济、政治、社会、文化等各个领域的排斥，从而使他们沦落为城市的边缘和弱势群体。虽然政府对农民工问题愈加重视，并制定了若干社会政策为农民工提供社会保护，但由于众多历史原因和现实原因，我国农民工社会政策的运行实施仍存在不完整、不稳定、不规范、低层次和效果差的特点。其中，不完整是指目前出台的农民工社会政策涉及面窄，难以覆盖农民工经济、政治、社会、文化等多方面遭遇的问题；不稳定是指该群体的具体社会政策处于变动不安的调整和修改阶段，加之农民工社会政策缺乏独立地位，很大程度上成为经济体制改革的配套措施；不规范是指农民工社会政策的制定程序明显不规范，缺乏主体的充分参与和诉求表达，由于农民工的弱势地位和参与意识不够，导致他们无法为自己的利益诉求发声，关于农民工的社会政策无法直接反映该群体的需求；低层次是指有关农民工的社会政策制定的理念和目的仅仅停留在解决社会问题、化解社会矛盾、维护社会稳定的层次，没有上升到维护社会公平、社会正义的层面，出台的有关农民工的社会政策主要是补偿性的，而缺乏与农民工发展相关的文化教育、技能培训等发展性的社会政策；效果差是指由于二元结构根深蒂固的影响及农民工自身能力的不足，使得已出台的相关社会政策的实施效果并不理想，难以切实发挥预期效应①。

在农民工群体参与社会养老方面，张转玲（2012）提出，当前农民工群体参与社会养老的愿望强烈，但由于多元养老保险模式、农民工的自身

---

① 李迎生，刘艳霞. 社会政策与农民工群体的社会保护［J］. 社会科学研究，2006（6）.

特点，以及我国经济发展水平等原因，导致了农民工社会养老保险制度在实际运行中遇到了参保率低、保障效果差、转移衔接不易、企业缴费难等问题①。陈野（2015）提出，教育、工作经验、资历、签订合同和参与工会对城乡工人参与养老保险均有影响，但影响程度不同，签订劳动合同和参与工会对城镇职工参与医疗保险的影响要远远大于对农民工的影响②。尽管养老保险政策在不断完善，然而如何解决好退休农民工的待遇公平问题和养老关系转移续接问题，还需要通过加大落实力度来促进社会政策和社会意识进一步克服城乡二元体系长期造成的互融壁垒。

（二）农民工社会保护研究

在农民工社会保护方面，研究者围绕农民工社会保护现状和农民工社会保护缺失的原因进行了调查与分析。韩克庆（2007）在《农民工的社会保护研究：以苏州市为例》中，通过实证调查，指出目前农民工在工伤赔偿、子女教育、政治参与、社会保障四个方面的权益受损比较严重③。程名望（2012）在《劳动保护、工作福利、社会保障与农民工城镇就业》一文中，基于上海 1446 份农民工调查样本统计出有 30.76% 的农民工期盼政府在"医疗保障"方面给予帮助，19.88% 的农民工期盼政府在"降低各种收费"方面给予帮助，19.14%、16.52%、12.41% 的农民工期盼政府分别在"帮助维护正当权益""提供劳动技能培训""子女教育"方面给予帮助④。

杨立雄（2007）的《农民工社会保护问题研究》利用社会资本理论和公共选择理论，探讨了农民工在正式组织资源缺失的情况下所采取的行为和农民工社会保护缺失的政治因素，指出由于组织与机制的缺失，农民工只能依靠自身建立的社会关系网络寻求社会保护，但这种小范围的社会关系网络不可能与高度组织化的利益集团进行博弈，因此，农民工群体缺乏有效的途径表达利益诉求和行使合法权利⑤。

---

① 张转玲. 农民工社会养老保险制度实际运行中的困难及出路［J］. 深圳大学学报（人文社会科学版），2012（4）.

② 陈野. 农民工参与职工基本养老保险行为、意愿影响因素研究［J］. 嘉兴学院学报，2015（7）.

③ 韩克庆. 农民工的社会保护研究：以苏州市为例［J］. 山东社会科学，2007（11）.

④ 程名望，史清华，潘烜. 劳动保护、工作福利、社会保障与农民工城镇就业［J］. 统计研究，2012（10）.

⑤ 杨立雄. 农民工社会保护问题研究［J］. 中国人民大学学报，2006（6）.

第二节　农民工福利贫困的实证分析：以建筑业为例

根据国家统计局抽样调查结果，2014 年全国农民工总量为 27395 万人，比上年增加 501 万人，增长 1.9%。其中，外出农民工为 16821 万人，比上年增加 211 万人，增长 1.3%；本地农民工为 10574 万人，增加 290 万人，增长 2.8%。

下面，我们将主要利用农民工"五险一金"的参保情况和住房情况的数据来分析我国农民工福利贫困的现状、影响以及导致这种情况的原因。

一、农民工劳动保障体系调查情况

（一）农民工总体参与"五险一金"的比例

在对大量农民工参与"五险一金"的情况进行调查研究后我们发现，农民工参保情况参差不齐。表 8－1 的数据显示，农民工"五险一金"的参保率分别为：工伤保险 26.2%，医疗保险 17.6%，养老保险 16.7%，失业保险 10.5%，生育保险 7.8%，住房公积金 5.5%，比上年分别提高 1.2 个、0.5 个、0.5 个、0.7 个、0.6 个和 0.5 个百分点。外出农民工和本地农民工"五险一金"的参保率均有提高。外出农民工在工伤、医疗、住房公积金方面的参保率高于本地农民工，在养老、失业和生育方面的参保率低于本地农民工。

表 8－1　　　　　　2014 年农民工参与"五险一金"的比例　　　　　单位：%

分类	工伤保险	医疗保险	养老保险	失业保险	生育保险	住房公积金
合计	26.2	17.6	16.7	10.5	7.8	5.5
外出农民工	29.7	18.2	16.4	9.8	7.1	5.6
本地农民工	21.1	16.8	17.2	11.5	8.7	5.3
比上年增长	1.2	0.5	0.5	0.7	0.6	0.5
外出农民工	1.2	0.6	0.7	0.7	0.5	0.6
本地农民工	1.0	0.4	0.3	0.9	0.8	0.4

（二）分地区农民工参与"五险一金"的比例

表 8 - 2 的数据显示，在东部地区务工的农民工"五险一金"的参保率分别为：工伤保险 29.8%，医疗保险 20.4%，养老保险 20.0%，失业保险 12.4%，生育保险 9.1%，住房公积金 6.0%，均高于中部、西部地区。但在中部、西部地区务工的农民工"五险一金"的参保率提高较快。

表 8 - 2   2014 年分地区农民工参与"五险一金"的比例   单位：%

区域	工伤保险	医疗保险	养老保险	失业保险	生育保险	住房公积金
东部地区	29.8	20.4	20.0	12.4	9.1	6.0
中部地区	17.8	11.8	10.7	6.9	4.9	4.7
西部地区	21.9	13.6	11.4	7.7	5.8	4.4
比上年增加						
东部地区	1.0	0.1	0.4	0.7	0.4	0.4
中部地区	1.6	1.2	0.7	1.0	0.7	0.6
西部地区	0.4	0.8	0.7	1.1	0.8	0.7

（三）分行业农民工参与"五险一金"的比例

表 8 - 3 的数据显示，在农民工比较集中的几个行业中，制造业农民工"五险一金"的参保率分别为：工伤保险 34.2%，医疗保险 22.1%，养老保险 21.4%，失业保险 13.1%，生育保险 9.3%，住房公积金 5.3%，分别是参保率最低的建筑业农民工工伤保险的 2.3 倍，医疗保险的 4.1 倍，养老保险的 5.5 倍，失业保险的 6.2 倍，生育保险的 7.9 倍，住房公积金的 5.9 倍，从事不同行业农民工"五险一金"的参保率差距明显。

表 8 - 3   2014 年分行业农民工参与"五险一金"的比例   单位：%

行业	工伤保险	医疗保险	养老保险	失业保险	生育保险	住房公积金
制造业	34.2	22.1	21.4	13.1	9.3	5.3
建筑业	14.9	5.4	3.9	2.1	1.3	0.9
批发和零售业	19.2	15.0	14.4	9.9	7.8	3.5
交通运输、仓储和邮政业	27.8	19.2	17.6	12.8	9.2	8.0
住宿和餐饮业	17.2	10.8	10.0	5.4	4.0	2.6

续表

行业	工伤保险	医疗保险	养老保险	失业保险	生育保险	住房公积金
居民服务、修理和其他服务业	16.3	12.1	11.8	6.6	5.2	3.1
比上年增加						
制造业	1.4	0.4	0.5	0.9	0.5	0.3
建筑业	0.5	0.2	0.2	0.1	0.0	0.0
批发和零售业	2.2	0.8	0.9	1.0	0.8	− 0.1
交通运输、仓储和邮政业	2.3	1.8	2.0	2.3	1.6	1.8
住宿和餐饮业	0.1	− 1.1	− 0.6	− 1.2	0.1	0.1
居民服务、修理和其他服务业	0.4	0.5	0.5	0.4	0.4	0.9

在基于对重庆市两江新区 485 名新生代农民工进行的《新生代农民工福利状况调查报告》中①，在"五险一金"方面，调查结果显示，76.4%、73.3%的新生代农民工表示所在企业为其提供了医疗保险、养老保险，67.1%的人表示所在企业为其提供了工伤保险，57.3%、54.4%的人表示所在企业为其提供了失业保险、住房公积金方面的保险。其中，样本中的新生代农民工具有文化程度较高、年龄较轻、月收入较高的特点。由此看出，相较老一代农民工而言，新生代农民工对于争取法定类福利的意识更强，在实际中也享受了更多的社会保障。

在工伤保险方面，由于农民工集中度高的行业是职业病和工伤事故多发的行业，因此，对农民工在职业安全和工伤事故方面的保障是至关重要的。但是，目前的工伤保险从内容、程序、执行上都存在较大的问题和争议，导致农民工的工伤问题难以解决，工伤保险一直没有能在农民工的工作和精神上提供足够的安全感。导致工伤保险难以保障农民工福利的原因有以下几点②：第一，农民工工伤保险处理程序复杂，耗时长。工伤认定的复杂程序不仅因为保险赔付机构的效率低，更主要是因为某些企业为追求利润最大化，在雇用农民工时不与其签订劳动合同，在缺乏劳动合同的基础上，更不会为农民工缴纳工伤保险和申请工伤认定。这样一来，农民工在申请工伤赔付前，还要通过各种途径确认劳动关系。据北京市农民工

---

① 孟传慧，田奇恒. 新生代农民工福利状况调查报告——以重庆市两江新区 485 名新生代农民工为例 [J]. 调研世界，2014 (2).

② 杭冬婷. 城镇背景下农民工工伤保险制度探究 [J]. 经济与管理，2014 (3).

法律援助工作站主任佟丽华计算，从申请到最终拿到理赔，最少也要 3 年 9 个月左右，长的则要 6 年 7 个月①，还不排除许多农民工由于无法确认劳动关系而最终徒劳无功的情况。第二，在非法用工的情况下，工伤认定十分困难。非法用工是导致农民工工伤保险处理程序复杂化的一个重要原因，在不与农民工依法签订劳动合同，不为农民工缴纳工伤保险的情况下，一旦发生事故，企业就会推卸责任，劳动保障行政管理部门也无法为农民工维权。第三，保险金给付程序存在不合理现象。由于在工伤认证的全部程序完成后，保险金会支付给用人单位，因而有极大的可能会造成企业对农民工的工伤保险金进行恶意扣留，农民工的福利依然无法保证。

在医疗保险方面，我国在实施过程中也存在一定问题。第一，很多城市设置了较高的起付比例，例如，北京市为 1500 元，但是因为农民工群体的收入较低，该标准很难解决其医疗问题；第二，企业需要缴纳时间较长的费用才能使该企业的农民工享受和该企业的城镇员工相同水平的医疗支付水平，根据我国目前的规定，农民工的缴费年限最低为半年，并实行连续缴费的制度，这不符合农民工群体本身流动性强的逻辑，加大了农民工参保的难度，也更容易导致追求经济效益的企业不依法为农民工投保医疗保险，造成农民工福利的缺失；第三，农民工由于其职业缺乏稳定性，在劳工合同方面缺乏意识和争取权，因此，当医疗保险通过是否签订合同和稳定的雇佣关系来划分有效性时，农民工的医疗福利就遭到了巨大的冲击。

在养老保险方面，保险费率高、参保率低、退保率高也是一个非常显著的现象。根据资料，有 83.2% 的人不愿意参保现行的养老保险，稍微富裕的农民工更愿意把自己的收入存在银行里②。造成这种现象的原因主要是：第一，农民工的工作收入本身不高，不愿意远期的养老资金消耗当下的即时收入；第二，由于养老保险的生效期比工伤保险、医疗保险的生效期要遥远得多，农民工无法感受到直接的获益，也会导致农民工对养老保险制度的不信任；第三，养老保险缴费的门槛较高，部分企业为了降低成本而不愿意为流动性较高的农民工缴纳养老保险金。

在失业保险和生育保险方面，造成参保率低的原因与上述分析的工伤保险、医疗保险和养老保险参保率低的原因相似。农民工群体本身具有流

①　吕学静. 中国农民工社会保障理论与实证研究 [M]. 中国劳动社会保障出版社，2008.
②　江建，刘丹丹，安永友. 浅议我国当前农民工养老保险的问题分析 [M]. 商届论坛，2014（8）.

动性，在雇佣关系上又处于弱势，因此，在劳工合同的签订上缺乏主导性，加之各保险都存在一些制度上的缺陷，各方面的原因汇集起来，造成了农民工从参保到申请理赔的各个环节都困难重重。

二、外出农民工消费与居住情况

表 8 - 4 的数据显示，2014 年外出农民工月均生活消费支出为人均 944 元，比上年增加 52 元，增长 5.8%。外出农民工月均居住支出为人均 445 元，比上年减少 1.8%；居住支出占生活消费支出的比重为 47.1%，比上年下降 3.6 个百分点。

表 8 - 4 　　　外出农民工在不同地区务工的月均生活消费和居住支出

区域	生活消费支出（元/人）		其中：居住支出（元/人）		居住支出占比（%）	
	2013 年	2014 年	2013 年	2014 年	2013 年	2014 年
合计	892	944	453	445	50.7	47.1
东部地区	902	954	454	447	50.3	46.8
中部地区	811	861	441	414	54.3	48.0
西部地区	909	957	443	449	48.7	46.9

从数据中可以看出，居住支出在农民工月均消费中占比极高。外来农民工来到城市务工，其高流动性、低收入水平等客观条件与城市的高房价发生了严重的冲突，农民工的地位、收入与住房问题陷入一个难以解决的恶性循环中，农民工住房福利的缺失不仅加重了农民工的基本生存压力，更在潜移默化中持续弱化农民工群体的社会地位。

自改革开放以来，我国城乡居民的住房状况有了显著的改善，全国城市人均住房面积由 1979 年的 3.6 平方米增长至 2010 年的 33 平方米[①]。但这一数据是将农民工排除在统计范围之外的，目前农民工的住房情况仍以居住面积小、配套设施不完善等特点为主，而这些特点不仅使农民工生存在艰难的环境中，还会带来更多深层的社会问题。例如，农民工通过市场租赁私人住房，会直接导致城中村的产生或扩大，城乡结合部由于有居住成本较低、交通较为发达、管理体系松散自由等特点，成为农民工的首选

---

① 张静. 有信心让房价回到合理价位 [J]. 新京报，2010（12）：27.

聚集地①。但在缺乏有效管理的情况下，城中村的社会环境会愈加恶劣、违章建筑、环境污染、人口过度密集都会带来极大的安全隐患，加之农民工从事低收入和不稳定的各类工作，城中村内部会出现严重的治安问题甚至社会犯罪问题。

从 2011～2014 年的连续四年，国务院都专门对农民工的住房问题作出专门部署和安排，计划采取一系列措施来解决外出农民工的住房问题，如建设公租房、廉租房，对收入比较困难的农民工给予租金方面的支持等。但从表 8－4 的数据中可以看出，农民工居住支出仍占月均消费的45% 以上。农民工住房福利难以推进和落实的原因有：第一，住房建设工程本身需要长时间进行规划和建设；第二，大力推进农民工住房保障行动的城市依旧是少数，大部分城市仅在小范围内开展农民工住房福利工程，对农民工的整体生活水平起不到实际的作用；第三，农民工缺乏对社会福利的关注，无法及时获取政府有关农民工住房福利的信息，加之文化水平有限，在公租房、廉租房、租金补助等一系列福利的申请过程中会遭遇很多的困难，最后造成社会资源的浪费。

依据市场经济规则，弱者参与市场竞争总要付出更大的代价。在经济快速增长的几十年里，农民工群体对加快中国的经济增长和城镇化进程做出了不可磨灭的贡献，而在这些贡献的背后，由于制度的不完善和社会的忽视，总体素质不高的农民一直在承受着更大的经济压力。经历了高强度的职业要求、脏乱的工作环境、缺位的社会保障和危险的工作性质，还要严格地控制自己的生活花销，否则将无力承担城市的消费和住房支出。除此之外，还要承受着城市职工对农民工的排挤和经济、文化上的"贫富差距"。长此以往，农民工付出的不仅是经济成本，还有各种各样的心理、生理和社会成本②。农民工进城务工时要遭遇高门槛，进城后的合法福利也无法得到保障，这些都是农民工本不应该承受的代价。要进一步解决农民工的福利贫困问题，形成农民工群体与社会之间的付出和所得平衡，可以从以下几个方面完善：

第一，加强福利保障体系的全面性。从某种程度上来说，我国的社会福利制度是为了应对改革的社会风险而设计和实施的，基于原有的城乡结构、户籍制度和单位体制，现有的社会福利体系处于查漏补缺的被动弥补

---

① 吴炜，朱力. 农民工住房福利现状与政策走向——基于福利多元主义的视角［J］. 长白学刊，2012（2）.

② 张广宇，杜书云. 农民工福利缺失与劳动力市场不平等竞争［J］. 经济问题，2004（11）.

型，而不是积极主动的提供型、全面覆盖型。碎片化的社会福利体制不具有可持续发展的能力，沿用该体制会加大社会经济、政治、文化等各方面的"贫富差距"。因此，应大力推进现有的农民工"五险一金"参保的社会保险制度和公租房、廉租房等住房福利政策。同时，也应关注农民工的心理问题与生理问题，关注其文化需求、精神需求和价值观念，缩小身份、权利和待遇上的差异，提高农民工群体的自我认同感。既在农民工数量上进行社会福利政策的全面覆盖，又在提供的福利种类上力求更加全面、细致。

第二，促进福利提供渠道的多元化。福利多元主义理论是在西方经济、政治和社会框架下共同作用形成的，在我国现行的经济、政治制度下，福利多元主义也有可借鉴之处。首先，2015 年 9 月，国务院颁布了《关于深化国有企业改革的指导意见》，明确指出分类推进国有企业改革，将国有企业分为商业类和公益类，公益类国有企业以保障民生、服务社会、提供公共产品和服务为主要目标①。在国有企业改革的推动下，地方政府也能够更有效地满足公民的福利需要。同时，近年来，民营企业、非营利组织和社区基层组织在公益领域的贡献愈加突出。当福利提供渠道增加，公益服务的效率提高时，农民工的福利保障工作也会有一个质的飞跃。

第三，加强农民工群体的福利意识，拓宽农民工表达利益诉求的渠道。虽然近年来农民工群体的整体文化水平在不断提高，但是在城市的务工环境下，其整体素质还处于较低的水平。因此，部分农民工会由于缺乏社会福利的常识或缺乏对福利内容的关注，无法及时获取最新的福利政策或申请合法福利的条件或渠道，若某些企业为躲避社会责任而设计阻挠，农民工则会失去争取合法福利的机会，同时造成社会资源的浪费。因此，加强农民工群体的福利意识，简化农民工申请、享受社会福利的程序，拓宽农民工表达利益诉求、争取合法福利的渠道，是维护社会福利政策有效推进不可或缺的一环。

---

① 国务院关于深化国有企业改革的指导意见（2015 年 8 月 24 日）。

第九章

农民工多维贫困：能力维度的贫困

自改革开放以来，随着中国经济的快速发展和综合国力的提升，居民平均生活水平得到很大改善，贫困问题在很大程度上得到了解决，中国政府和全社会在减贫方面做出的努力及取得的成就举世瞩目。2004 年，世界银行前行长沃尔芬森曾评价说，中国 2.2 亿人摆脱了贫困，扶贫的成就之大是"人类历史上无与伦比的"。但是在整体改善的局面下，收入差距、贫富差距越来越大已成为不争的事实，中国仍有数以亿计的贫困人口存在。在经济增长的同时如何消除贫困一直是中国政府最关心的问题之一。用不同的贫困标准衡量中国的贫困人口，目前说法较多，从 1.5 亿到 2 亿人再到 2.5 亿人，差距很大。

世界银行在 2011 年前公布的贫困数据是以每人每天消费 1.25 美元作为贫困标准，在此贫困标准以下的中国贫困人口规模是 8410 万人，贫困人口比重是 6.3%。2011 年后，世行调整了贫困线标准，即以每人每天消费 2 美元作为贫困线，生活在此贫困标准线以下的中国贫困人口规模是 2.5 亿人，贫困人口比重是 18.6%。以每天 1.25 美元标准衡量，中国贫困人口比重在 1990 年为 60.7%，1990 ~ 2011 年下降 54.4 个百分点；贫困人口规模在 1990 年为 6.89 亿人，1990 ~ 2011 年减少了 6.05 亿人，减少 87.8%，远远超过联合国千年发展目标提出的"极端贫困人口减半"目标。以每天 2 美元标准衡量，中国贫困人口比重在 1990 年为 85%，1990 ~ 2011 年下降了 66.4 个百分点；贫困人口规模在 1990 年为 9.64 亿人，1990 ~ 2011 年减少了 7.14 亿人，下降 74.1%。如表 9 - 1 所示。

表9-1 世界银行发布的中国贫困人口数据

年份	每天1.25美元		每天2美元	
	规模（万人）	比重（%）	规模（万人）	比重（%）
1990	68940	60.7	96460	85.0
1993	64640	54.9	93760	79.6
1996	45520	37.4	80600	66.2
1999	45100	36.0	77520	61.9
2002	35930	28.1	64950	50.7
2005	20560	15.8	46970	36.0
2008	16350	12.3	37530	28.3
2010	12290	9.2	31020	23.2
2011	8410	6.3	25010	18.6

资料来源：世界银行网站。

我国制定了现行农村贫困标准，即"2010年价格水平每人每年2300元"。国家统计局每年根据农村低收入居民的生活消费价格指数，对此标准进行更新。截至2014年，现行农村贫困标准为当年价每人每年2800元。[①]

距离2020年全面建成小康社会，只有不到5年的时间。这段时间，对经济进入中低速发展的中国来说，是一个大考验。繁荣灿烂的背后是严峻残酷的现实。据2014年末的统计数据，虽然中国的经济总量已经成为世界第二，但仍然有8000多万贫困人口，其中，湖南、河南、广西、四川、贵州、云南这6个省份的贫困人口都在500万以上。592个扶贫开发工作重点县农民的人均纯收入不足全国平均水平的60%，农民医疗支出仅为全国农村平均水平的60%，劳动力、文盲、半文盲的比例比全国平均水平高出3.6个百分点。全国有3917个村不通电，影响近380万人，连片特困地区仍有3862万农村居民和601万学校师生没有解决饮水安全的问题。近10万个行政村不通水泥沥青路[②]。中国面临的贫困形势仍然很严峻。

一个国家，若不能为其国民、为广大百姓谋求福利，国将不国。借用"木桶效应"的原理，决定社会与经济发展最终成败与否的，不是富裕阶层，而是社会发展中的短板——中下层贫困群体。对国家而言，最重要的资

[①] 国家统计局．张为民：脱贫步伐加，扶贫成效显著，我国贫困人口大幅减少．
[②] 扶贫办国际合作和社会扶贫司副司长刘书文．http://www.chinanews.com/gn/2014/12-15/6877672.shtml.

产是人，人的因素在经济增长、社会发展、文化传承与科技进步中发挥着莫大的作用。经济学、社会学、哲学、心理学等人文社科与数学、物理、化学、生物等自然科学的终极关怀必然是人。如果不能妥善地解决这些贫困问题，社会发展将不可持续，难以为继。而发展中贫困问题的解决依赖于对贫困问题及其内涵的深刻理解和正确对待。要全面建成小康社会，没有广大老百姓的全面小康，没有农村的全面小康，毋谈全国的全面小康。只有部分人的小康，不叫全面小康。既然是全面小康，减贫扶贫必然是题中之意。

随着我国城镇化的推进，大量农村劳动力进入城市，形成了庞大的农民工群体。中国农民的转移途径主要是农民工这条渠道，在生活消费高的城市，由此衍生出来的贫困群体越来越多。2014 年国民经济和社会发展统计公报显示，2014 年全国农民工总量为 27395 万人，比 2013 年增长 1.9%。其中，外出农民工为 16821 万人，同比增长 1.3%；本地农民工 10574 万人，同比增长 2.8%。农民工群体背后维系着大量的家庭，与农村贫困问题有着直接联系。贫困，不仅是一个经济问题，更是社会问题、政治问题。

第一节　由贫困向能力贫困研究的拓展

贫困问题的研究可以追溯到 15 世纪、16 世纪。16 世纪，空想社会主义者注意到资本主义制度的弊端，将贫困视为资本主义反理性原则的集中体现，对贫困做过政治经济学的研究。而在 16 世纪末，贫困就开始成为政府关注的一个重要问题，当时，英国政府颁布了《伊丽莎白济贫法》。而到了最近几十年，贫困更成为众多经济学家、社会学家和发展实践者，以及政府官员、非政府机构等共同关注的焦点问题，贫困的概念也正逐步从一种简单的"相对较少的收入"和"生活必需品的缺乏"的经济贫困向多维度和多元化的"权利和机会的被剥夺"的人类贫困转变。

一、一般贫困概念的研究

贫困分为绝对贫困和相对贫困。绝对贫困又叫生存贫困，只包括狭窄的收入概念和维持最低生活水平的收入水准，是指在一定的社会生产方式和生活方式下，个人和家庭依靠其劳动所得和其他合法收入不能维持其基本的生存需要，这样的个人或家庭就被称为贫困人口或贫困户。

相对贫困一方面指由于社会经济发展，贫困线不断提高而产生的贫困；另一方面则指同一时期，由于不同地区之间、各个社会阶层之间和各阶层内部不同成员之间的收入差距而产生的贫困，是指一个人或家庭的收入比社会平均收入水平少到一定程度时所维持的生活状况。也就是说，相对贫困不是根据低于维持生存水平的固定标准来定义贫困，而是根据低收入者与其他社会成员收入的差距来定义贫困。相对贫困的含义包括四个要素：（1）确定相对贫困要与其他社会成员进行比较，它是由社会经济发展的不平衡和国民收入分配的不均引起的，是根据与其他社会成员之间的关系来确认的；（2）相对贫困是一个动态的概念，其标准要随着经济的发展，收入水平的变化，以及社会环境的变化而不断变化；（3）相对贫困反映的是不同社会成员之间的差距，社会不同成员之间的不平等；（4）它依据一定的价值判断，具有明显的主观偏好。相对贫困概念的应用使得社会可根据经济发展的变动来让贫困群体分享经济发展的成果。相对贫困概念的政策含义是消除贫困，是一个国家、一个地区、一个社会为了社会公平进行长期奋斗的目标①。

不同的领域对贫困问题的看法也不一样。在经济学领域，一般从福利的角度来理解贫困；在历史学中，人们发现贫困在不同历史阶段的表现形式不同；在政治学领域，对贫困的看法和态度牵涉到国民利益的分配甚至社会制度的性质；从社会学的角度来看，贫困是一个复杂的社会现象，它集中体现了当时当地社会发展的特点。如果将这几种学科的理解整合起来，就能得到关于贫困的一般定义，即贫困是一种伴随人类社会发生、发展的社会经济现象；是人由于不能合法地获得基本物质生活条件和参与基本社会活动的机会，以至于不能维持一种个人生理和社会文化可以接受的生活水准的状态。②

二、可行能力贫困概念的提出

（一）阿马蒂亚·森的可行能力理论

贫困是基本可行性能力的被剥夺，而不仅仅是收入低下③。需要说明

---

①② 李小云. 普通发展学 [M]. 北京：社会文献出版社，2013.

③ [印] 阿马蒂亚·森著，任赜，于真译. 以自由看待发展 [M]. 北京：中国人民大学出版社，2002：85.

的是，可行能力贫困的视角并不否定收入对贫困的影响。

狭隘的发展观指的是国民生产总值增长，个人收入提高，工业化、技术进步或社会现代化等观点。森把发展的目标看作是等同于判定社会上所有人福利状态的价值标准。财富、收入、技术进步、社会现代化等固然可以是人们追求的目标，但它们只是工具性的范畴，是为人的发展、人的福利服务的。森认为，以人为中心，最高的价值标准就是自由。自由是人们能够选择自己生活方式的可行能力。自由是发展的重要手段。

贫困可以用可行能力的被剥夺来合理地识别，侧重于自身固有重要性的剥夺，不像低收入，只具有工具性的意义。除了低收入以外，还有其他因素也会影响可行能力的被剥夺，从而影响到真实贫困。收入不是产生可行能力的唯一工具。低收入与低能力之间的工具性的联系，在不同的地方，甚至不同的家庭和不同的个人之间，都是可变的，也就是说，收入对可行能力的影响是随境况而异的、条件性的。①

"能力"（capabilty）这个概念是森在较早的时候为了寻找替代功利主义、古典自由主义和罗尔斯主义的新的公正理论而提出的。阿马蒂亚·森（1985）在《商品和能力》一书中正式提出人类可行能力理论。

一个人的可行能力指的是此人有可能实现的，各种可能的功能性活动组合。可行能力因此是一种自由，是实现各种不同生活方式的自由。② 阿马蒂亚·森（1999）在《以自由看待发展》一书中明确指出，发展可以看作扩展人们享有的实质自由的一个过程，而享有实质自由需要实现人类的可行能力。森举例说，从表面上看，一个富有的人的自愿节食和一个穷人的被迫挨饿在所取得的结果上是一样的，但是，前者完全有能力选择多吃一些。因此，他比后者拥有一个更大的"能力集"。他的能力概念不仅包括一个人所拥有的权利和物品，而且包括这个人使用这些权利和物品的能力。比如，一个双腿残疾的人无论多么有钱也无法自如地在没有轮椅坡道的街上移动，他虽然拥有了物品，但却没有拥有使用这些物品的能力。森的能力不一定仅指个人能力，在上述例子中，他的能力取决于社会所提供帮助的多寡。

"贫困是对人能力的慢性剥夺。"森认为，以收入指标衡量的贫困是工具性的贫困，对贫困的实质性衡量必须使用关于能力的指标。每个人的初

---

①② ［印］阿马蒂亚·森著，任赜，于真译. 以自由看待发展［M］. 北京：中国人民大学出版社，2002：86，63.

始禀赋是不同的，但拉平禀赋分配不是公正的目标，而造就个人利用禀赋的平等能力才是公正的目标。

"收入只是美好生活的一个条件，所以我们有足够的理由来直接考察人们的生活质量，以及他们怎样去生活的自由。如果生活是由各种各样我们可以去做或去实现的事情（如长寿、健康、具有读写能力等）组成的话，那么，我们就不得不把人们是否能实现这些能力来作为评估的中心。"从这个角度出发，贫困被看成是人们不具备某些基本能力的结果，而不只是收入本身低。

可行能力贫困理论已经产生了重大影响，成为国际社会制定反贫困战略和政策的一个重要理论依据。1997 年，森帮助设计的《联合国人类发展报告》指出："贫困不仅仅是缺乏收入的问题，它是一种对人类发展的权利、长寿、知识、尊严和体面生活标准等多方面的剥夺。"《2000～2001年世界银行发展报告：向贫困开战》秉承了森的思想，重新界定了贫困的含义："贫困是指福利的被剥夺状态"。报告认为，贫困不仅仅意味着低收入和低消费，而且意味着缺少教育机会、营养不良、健康状况差，以及无权、没有发言权、脆弱和恐惧等。

可行能力视角对贫困所做的贡献是，通过把注意力从手段（而且是经常受到排他性注意的一种特定手段，即收入），转向人们有理由追求的目的，并相应地转向可以使这些目的得以实现的自由，加强了我们对贫困的理解。仅减少收入贫困绝不可能是反贫困政策的终极动机。人们惯常按照收入剥夺的狭隘观点来看待贫困，然后以教育、医疗保健等减少贫困的良好工具为理由，来说明在这些领域投资的正当性。这种观点混淆了手段和目的。

阿马蒂亚·森从"实质自由"的视角看待贫困，从更广泛的意义上而不只是从经济收入的高低来看待贫困，这样界定的贫困才能显示真正符合人本身的利益、符合人的全面发展的实质，才是现代意义上的贫困。

（二）人力资本理论

1979 年度诺贝尔经济学奖得主西奥多·W. 舒尔茨在 1960 年美国经济学年会上通过《人力资本的投资》一文，系统阐述了人力资本理论：人力资本是体现于劳动者身上，通过投资形式并由劳动者的知识、技能和体力所构成的资本。明确提出人力资本是当今时代促进国民经济增长的主要原因，认为"人口质量和知识投资在很大程度上决定了人类未来的前景"。

在影响经济发展的诸多因素中，人的因素是最关键的，经济发展主要取决于人的质量的提高，而不是自然资源的丰瘠或资本的多寡。舒尔茨研究了人力资本形成的方式与途径，并对教育投资的收益率及教育对经济增长的贡献做了定量研究。

同时，舒尔茨还指出，科技进步是经济增长的关键因素，科技进步意味着资本结构的根本性改变，能够产生双赢效应：一是原有的人力资本掌握新技能、新知识而转化为新的人力资本形态；二是科技进步又以新技术、新材料、新方法等物化方式转变为新的非人力资本形态。

人力资本的积累是社会经济增长的源泉。现代经济发展已经不能单纯依靠自然资源和人的体力劳动，生产中必须提高体力劳动者的智力水平，增加脑力劳动者的成分，以此来代替原有的生产要素。因此，由教育形成的人力资本在经济增长中会更多地代替其他生产要素。例如，在农业生产中，对农民的教育和对农业科学的研究、推广、应用，可以代替部分土地的作用，促进经济的增长。

教育也是使个人收入的社会分配趋于平等的因素。因为通过教育，可以提高人的知识和技能水平，提高生产的能力，从而增加个人收入，使个人工资和薪金结构发生变化。舒尔茨认为个人收入的增长和个人收入差别缩小的根本原因是人们受教育水平的普遍提高，是人力资本投资的结果。

贝克尔研究了人力资本与个人收入分配的关系后认为，人力资本是通过对劳动者知识、技能、体力等方面的投资而形成的资本，这种投资会对人们未来的货币与心理收入产生影响。人力资本投资主要包括教育支出（正规教育和在职培训）、医疗保健等多方面内容。用于教育、在职训练、卫生保健、劳动力迁移，以及收集价格与收入信息等实际活动的支出都是一种投资，因为它们不仅能在短期内提高劳动生产率，而且可以长期起作用。

第二节 我国农民工能力贫困状况：以建筑业为例

中国几十年的反贫实践取得了令世人瞩目的成就，区域贫困问题得到大力解决，普遍性的极端贫困状态已成为历史。但是，当前农村贫困地区的反贫实践也存在一些问题。第一，贫困标准较低，脱贫人群基础不牢固，经济承受力脆弱，返贫现象突出。第二，贫困发生率下降速度减缓。

第三，贫困农户收入水平低。这些问题说明中国农村的贫困形势依然严峻，农村贫困地区并没有从根本上解决自我发展问题，没有完全走上良性的发展轨道。贫困地区的发展是与更广泛意义上的“人的发展”紧密联系的，只有以人的发展带动和创造的经济发展才是健康的、可持续的。这些措施未充分考虑贫困人口自身的因素，忽视了人的主观能动性及其在社会活动中的主体地位，在实践中则忽视了对贫困人口的发动、组织和培养。贫困人口能否获得更多的发展机会，是解决贫困问题的根本之道。①

一、农民工一般性能力贫困的表现

在与失业和边缘化做斗争的过程中，就业能力已经发展成为再就业和反贫困的重要工具，就业能力体现在可以应对经济、社会环境发生的变化。中国正在向服务与信息化社会迈进，所需技术的水平和质量不断提高，这些已成为就业能力的关键因素。各类方法和专业技能、专业知识也越来越重要；更重要的是对必要能力的需求如灵活性、主动性、创造性，多种职位要求的基本知识和良好的教育，独立而负责任地采取行动的意愿和能力，与人合作的意愿与能力等将会逐渐增加。鉴于中国人口老龄化问题，人口结构变化跟不上产业转型与结构变化的速度，在此情形下，针对在职人员进行技能培训显得尤为重要。面对结构调整和产业转型升级，如果没有机会发展或增强就业能力的人，将会在新经济秩序下的劳动力市场竞争中遭到淘汰。

从图 9－1 中可看出，农民工总量近几年（2008～2014 年）呈不断上涨趋势，外出农民工也呈增长态势，但是涨幅比较平缓。

图 9－2 为 2010～2014 年农民工总量增长速度。2010 年以来，农民工总量增速持续回落，2011 年、2012 年、2013 年和 2014 年的农民工总量增速分别比上年回落 1.0、0.5、1.5 和 0.5 个百分点。2011 年、2012 年、2013 年和 2014 年外出农民工人数增速分别比上年回落 2.1、0.4、1.3 和 0.4 个百分点。② 近几年本地农民工人数增速也在逐年回落，但增长速度快于外出农民工的增长速度。

① 段世江，石春玲．“能力贫困”与农村反贫困视角选择［J］．中国人口科学，2005（S1）：99－104.

② 国家统计局．2014 年全国农民工监测调查报告．

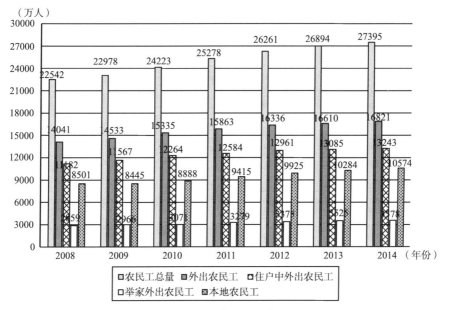

图 9 - 1 农民工规模

资料来源：国家统计局. 2008 ~ 2014 年全国农民工监测调查报告。

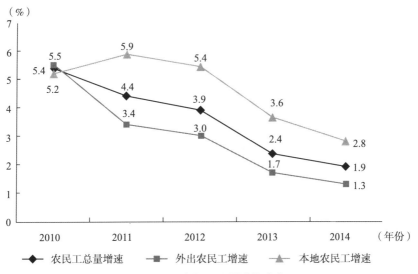

图 9 - 2 农民工总量增长速度

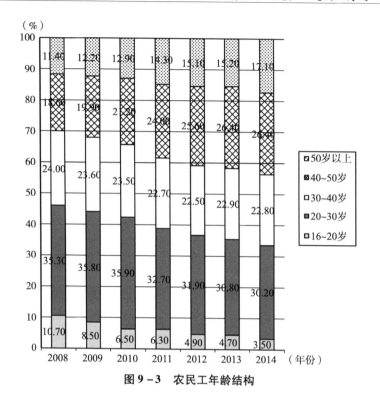

图9-3　农民工年龄结构

图9-3为农民工年龄结构，自2008年以来，农民工的年龄结构发生了较大变化。其中，16～20岁青少年人群占农民工总体的比例逐年下降。一方面，中国正步入老龄化阶段，婴儿出生率较低，人口老龄化；另一方面，青少年（新生代农民工）均为"90后"，较少有人愿意从事纯体力活，多愿意学手艺或者技术，干有技术含量的活，加之现有国家政策规定不允许招募未成年人，所以一些企业并未大量招募该年龄阶段的人群。与此相反，40～50岁及50岁以上的农民工占比逐年上升，50岁以上的高龄农民工占到17%，总数超过4600万人，40岁以上的近1.2亿人。20～30岁青年群体的占比近几年来变化不大，有所下降但趋势平稳。30～40岁青壮年群体的占比变化也不大，趋势平稳。由此可见，20～40岁青壮年群体的整体比例较为稳定，稳中有降，幅度不大，说明企业招工还是以青壮年为主，如表9-2所示。

表 9－2　　　　　　　　　农民工年龄构成情况对比　　　　　　　　　单位：%

年龄	2008 年	2009 年	2010 年	2011 年	2012 年	2013 年	2014 年
16～20 岁	10.70	8.50	6.50	6.30	4.90	4.70	3.50
20～30 岁	35.30	35.80	35.90	32.70	31.90	30.80	30.20
30～40 岁	24.00	23.60	23.50	22.70	22.50	22.90	22.80
40～50 岁	18.60	19.90	21.20	24.00	25.60	26.40	26.40
50 岁以上	11.40	12.20	12.90	14.30	15.10	15.20	17.10

　　按照我国的现行规定，企业男性职工年满60周岁、女性职工年满55周岁就可退休，身体出现疾患、丧失劳动能力的还可提前退休。退休以后，他们可以从社保基金领取养老金，安享晚年。但是，对于高龄农民工群体来说，尽管已届高龄，却难以终止打工生活，仍需通过打工来为自己挣钱养老，"退休"一说与他们无缘。"上有老、下有小"，强度大，收入低，风险高，保障少，是他们的共同境遇。"让改革发展成果更多更公平惠及人民"不应该成为一纸空谈。高龄农民工的问题，是中国农民工问题的一个分支，反映的是城乡差距、劳资矛盾。据国家统计局公布的数据，至2016年底，我国城镇化率已高达57.35%，尽管大量农民工进城，成为新的城市人，但是农民工及其家属仍无法享受和城市居民一样的均等待遇。城乡发展一体化任重道远，让农民和农民工群体分享红利、收获实惠，还有很长的路要走。

　　本节数据取自《建筑业农民工多维度贫困测量》① 调研报告，该调查研究以我国东部、中部、西部、南部和北部各省区为样本来源点，以北京、深圳、西安、大庆四个城市为样本采集地，将农民工的贫困类型划分为五种：物质贫困，权利贫困，精神贫困，能力贫困，健康贫困。通过涵盖个人及家庭基本情况、就业与权益、能力与发展、生活与健康、社会关系与社会参与、在老家的生活状况六个方面相关信息的问卷来了解农民工

---

　　① 此次调研时间跨度为2013年3月～2013年9月，其中，2013年3～5月首先在北京进行预调研，并在此基础上调整问卷，最后于2013年5月～2013年9月在全国范围内进行正式调研。调查的区域包括北京、广东、山东（补充调研）、黑龙江以及陕西五省（市）。在调研过程中，我们以对固定单位实施随机抽样问卷调查为主，同时还辅助调查部分不固定单位、灵活就业的农民工，以基本保证样本对总体的代表性。调研过程中，课题组共发放问卷2400份，经过诊断和识别，删除无效问卷，最后获得有效问卷1874份.

的生活现状，从而分别对农民工的各类贫困程度进行评估。在访谈和调查中发现，农民工因为自身能力的原因使得就业机会大大减少，只能靠出卖廉价劳动力获得一些脏累差的工作。他们从事的一般是建筑业、纺织业、餐饮业等劳动时间长、劳动强度大且安全系数比较低的行业。这些工作岗位的待遇水平一般不高，但风险高，一旦出现意外极易陷入贫困。在问及他们有没有转到其他行业的期望时，他们很无奈地回答即使有那种想法，也因为能力的缺乏而无能为力。

在本次所调研的建筑业农民工中，绝大部分为男性，主要与建筑业的劳动强度与技术要求较高有关。而在我们的统计数据中，所调查样本的平均年龄为39.6岁，根据图9-4可以看出农民工的年龄分布情况。

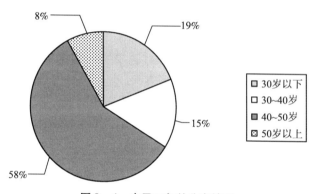

图9-4　农民工年龄分布情况

本次所调研的样本中，最年轻的工人为18岁，最年长的为57岁，但大部分工人的年龄集中在40~50岁，并且，85%的农民工都是已婚人士。

对于大部分农民工来说，学历是限制他们取得高收入的重要原因。在我们所调查的样本中，农民工的最高学历为大专，这部分农民工主要为工地的管理人员。同时，文盲在农民工群体中，仍然占据着不可忽视的地位。图9-5显示，在农民工当中，最为常见的学历为初中，文化程度为小学和高中/中专/技校的农民工所占的比例也比较大。根据样本数据显示，农民工的文化程度与其收入在一定程度上呈正相关。因此，要改善农民工的贫困程度，从教育出发提升农民工的技术、文化水平是关键一环。

从教育年限的相关数据可以看出，我国农民工的职业教育水平相对偏低。高中及高中以上的受教育者在这个产业职工群体中，仅是相对的少数。近年来，随着国家对农村基础教育的投入，农村劳动力的教育年限及层次获得了很大的提升。可以看出，最优质的农村剩余劳动力资源，由于种种原因，并未首先选择建筑行业。这一点，也可以从抚养负担指标上获得验证，此指标对贫困的贡献度仅为 3.1%。相对大龄的，已经没有儿女教育负担的中年、壮年劳动力目前聚集在这一行业。

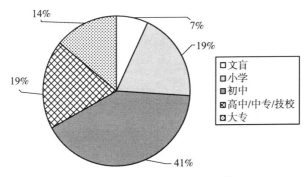

图 9 - 5　农民工文化程度分布情况

尽管大多数被调查对象最希望学到的知识仍然是与本职工作相关的劳动技能，但过半数的被调查对象并没有参加过职业技能培训，且主要原因在于机会的缺乏（33.75%）和信息的不通畅（36.46%）。

表 9 - 3　　　　　　　　农民工参与职业技能培训比重

条件	是（%）	否（%）
参加过与建筑业相关的技能/知识培训	43.5	56.5

通过对调查数据的统计分析，不难发现，有 43.5% 的调研对象参加过与建筑业相关的技能/知识培训，另外 56.5% 没有参加过，如表 9 - 3 所示。数据表明，一半以上的人都没有参加过相关培训，也就无法通过培训获得用以谋生的技能，在能力方面是较为贫弱的。

在没有参加过培训的调研对象当中，34% 的人是由于没有机会培训，13% 的人认为没有必要培训，还有 36% 的调研对象不知道哪里有培训或者是认为培训的内容不适用。从图 9 - 6 的数据中我们可以发现，有近 70% 的调研对象是希望能够获得相关技能和知识培训的，但由于没有合适的机会，所以无法进行培训，这提醒有关政府部门和建筑公司应该开展技能知识培训的课程，进一步提高农民工的能力。

对参加过职业培训的农民工进行调查和访谈，结合数据分析显示，职业培训对农民工多维贫困的贡献度并不突出。近年来，大多数企业已经开始重视农民工的职业技能培训，农民工职业技能和专业知识都较以前有所提高。对于用工行业来说，由于管理部门在劳务、用工方面的规范化，农民工被拖欠工资的问题已经得到了缓解，雇佣双方劳务合同的签订也逐步规范化。劳务合同对多维贫困的贡献率仅为 2.7%，显著低于平均的指标贡献率。而职业培训，一直以来都是建筑行业安全运行非常重要的一个环节，农民工在职业技能培训过程中的学习意愿分布如图 9-7 所示。

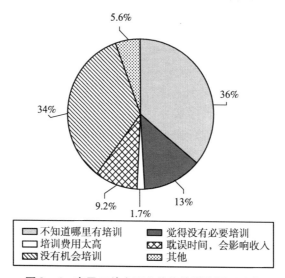

图 9-6　农民工放弃职业技能培训的原因分布

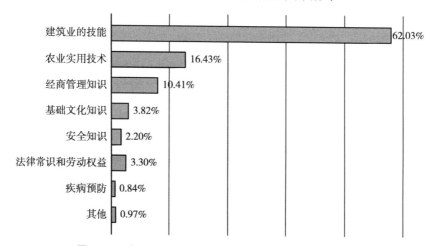

图 9-7　农民工在职业技能培训过程中的学习意愿分布

　　图9-8是对农民工最希望学到的知识的数据统计，图中显示，建筑业农民工最希望学到的还是建筑业的技能，这再次提醒有关部门和企业对农民工开展建筑业技能方面的培训。还有13%的农民工希望学习经商管理知识，他们中的大多数人今后不想再从事建筑方面的工作，希望能够向商业方面发展。我们认为，当农民工达到一定年龄时，由于身体健康方面的限制，他们无法或不能胜任建筑业这种体力要求高的行业，从长远发展来看，他们需要找到一条新的出路来维持生计，于是很多人就希望学习经商管理知识，为以后的生活做打算。

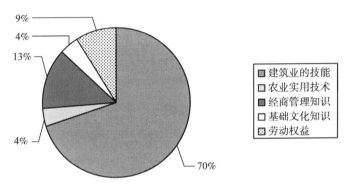

图9-8　农民工职业技能培训学习意愿的所占比重

　　在对农民工进行能力贫困调研时，调研对象中只有不到一半的人参加过与建筑业相关的技能/知识培训，这说明农民工们在技能和知识方面是比较贫乏的。而在没有接受过技能培训的调研对象当中，70%的人是由于没有机会而无法参加培训。通过对最希望学到的知识的调查发现，70%的调研对象希望学习建筑业的技能，这部分人将来仍希望从事建筑业，另有13%的人希望学到经商管理知识，这部分人大多希望将来能从事其他行业。农民工当前生活存在的问题主要是生活卫生条件差、养老难、工资太低，以及干活时间太长。

　　以上是对建筑业农民工这一典型群体所做的能力方面的调研，虽然结果具有一定的局部性，但以点带面，窥一斑而知全豹，从中仍能够折射出农民工群体的某些共性。

　　21世纪以来，盲目、极端化地推进市场经济，其结果是"三大要素"大幅流出农村——土地被征占、资金被抽走、劳动力大规模外出打工。任何领域，在这三大要素净流失的情况下，衰败是必然结果。中国农民工问题是城乡二元结构长期积累的问题在体制转轨、社会转型期的集中体现。随着我国城镇化进程的加快，农民走出乡村来到城里，却无法真正像城市人那样生活。农民工们长期行走在社会保障的边缘，势必拉大贫富差距，产生阶层隔阂。反过来，切实增进其当期收入与未来的保障，必将成为拉动内需的强大动力。

二、农民工群体能力贫困的具体表现

（一）文化水平普遍偏低，劳动技能缺失

我国农民工大多来自相对贫困地区。这些地区教育水平低下，人才匮乏，地理环境相对封闭落后，政治、经济、社会生活信息交流渠道少。调研样本数据显示，农民工群体普遍受教育年限少、文化素质低、学历低，如表9-4、图9-9所示。

表9-4　　　　　　全国农民工文化程度构成情况　　　　单位：%

分类	农民工合计			外出农民工			本地农民工		
	2012年	2013年	2014年	2012年	2013年	2014年	2012年	2013年	2014年
未上过小学	1.5	1.2	1.1	1.0	0.9	0.9	2.0	1.6	1.6
小学	14.3	15.4	14.8	10.5	11.9	11.5	18.4	18.9	18.1
初中	60.5	60.6	60.3	62.0	62.9	61.6	59.8	58.4	58.9
高中	18.0	16.1	16.5	18.7	16.2	16.7	17.1	16.0	16.2
大专及以上	5.7	6.7	7.3	7.8	8.2	9.3	3.6	5.1	5.2

教育是一个人积累自身实力的最佳途径，是培养步入社会的个人核心竞争力的有效渠道，而对很多普通人来说，甚至是唯一途径。没有显赫的家庭背景，没有惊人的天赋，对农村孩子来说，读书是改变命运的唯一出路。然而，由于教育资源的不均衡，农村孩子依靠读书改变命运的道路变得越来越艰辛。很多人呼吁要给予农民工教育平等的权利，呼吁给他们基本的维权保障。

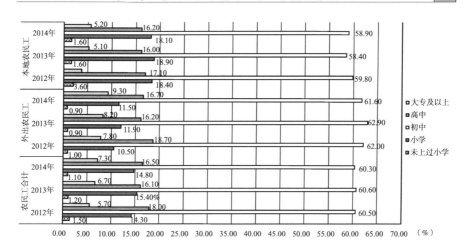

图 9-9 农民工文化程度构成对比

法国哲学家福柯在 20 世纪 70 年代的一篇文章《话语的秩序》里写道：话语就是人们斗争的手段和目的。话语是权力，人通过话语赋予自己以权力。福柯认为话语不仅是思维符号、交际工具，而且既是"手段"，也是"目的"，并能直接体现为"权力"。在对错标准模糊、评定标准不一、社会公正脆弱、申诉制度存在漏洞的时候，申诉没有太大的作用，不然，社会上也就不会有那么多"上访"的现象。对单独的个体而言，实力是维护自身合法权益的最可靠手段。实力建立在个人能力的基础之上，而个人能力的培养来自教育，教育是个人发展的基石。但享受良好的教育不应该是权贵、有钱人、特权阶层的特殊待遇，而应该是所有人都能享有的服务。现实情况是，优质教育资源的稀缺，导致教育资源分配不均，公平公正只是纸上谈兵。而超越义务教育的高中、大学等阶段的教育对于贫困家庭则意味着巨大的挑战，成为农民致贫的又一重大因素。在家庭支出中，孩子的教育花费占相当大的比重。

"科教兴国，人才强国"，教育不仅对一个人起到决定性作用，也是一个国家强盛的基础，是一个民族崛起的根本。一个国家的创造力和创新力离不开教育这片土壤。一个人也好，一个民族也好，一个国家也好，只有自己变得足够强，做更多事情才有信服力和号召力，才会有所谓的"话语权"。

为了更深入地研究农民工能力贫困现状，我们对建筑业农民工进行了问卷调查。如表 9-5、图 9-10 显示，2012~2014 年接受过技能培训的农民工有增加趋势，分别占30.8%、32.7%、34.8%，依次环比增长1.9个、2.1个百分点。各年龄段农民工接受培训的比重均有提高，但整体比重仍然偏低，还有绝大部分人并没有接受培训的机会，一则对企业来说，培训员工增加一笔额外的支出，增大成本；二则农民工基本上均为临时工，或者合同工，人员流动性很大，增加这部分投入并不能给企业带来多大的产出，于是很多企业不会对他们进行相关培训。即便有极少数企业对农民工进行培训，也是基于企业本身的利益，但是这些培训究竟对他们的发展起到多大的促进作用，还有待进一步研究。

表9-5 接受过技能培训的农民工比例 单位：%

指标	接受农业技能培训			接受非农职业技能培训			接受技能培训		
年度	2012	2013	2014	2012	2013	2014	2012	2013	2014
合计	10.7	9.3	9.5	25.6	29.9	32.0	30.8	32.7	34.8
20岁及以下	4.0	5.0	6.0	22.3	29.9	31.4	24.0	31.0	32.6
21~30岁	6.2	5.5	6.0	31.6	34.6	37.0	34.0	35.9	38.3
31~40岁	11.0	9.1	8.8	26.7	31.8	34.0	32.0	34.1	36.1
41~50岁	14.9	12.7	12.6	23.1	27.8	29.9	30.5	32.1	33.7
50岁以上	14.5	12.4	12.7	16.9	21.2	24.0	25.5	25.9	28.8

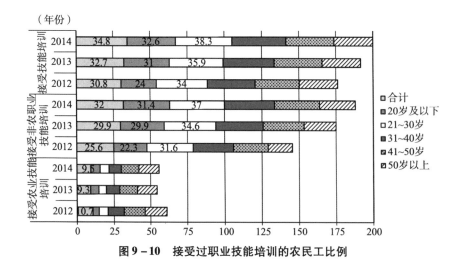

图9-10 接受过职业技能培训的农民工比例

农民工群体文化水平低下、职业技能缺失、农业生产单一、结构调整有限，发展资金筹集难、对外联系少、政策利用低，综合能力不足，导致农民脱贫缺乏足够的人力资本和社会资本，难以摆脱困境。农民工自身人力资本不足是他们长期滞留于次级劳动力市场的主要因素；反过来，次级劳动力市场所提供的岗位与就业机会又会限制农民工个人的进一步发展和生活质量的提高，如此形成恶性循环。其子女大多过早地进入社会，使得这些人在劳动力市场中处于弱势地位，在竞争中处于劣势，从而导致贫困的代际转移。森将教育看作可行能力的重要形式，认为教育越普及，则越有可能使那些本来会是穷人的人得到更好的机会去克服贫困。①

我国的现实情况是教育资源分配不均，处于社会经济地位低的群体不能平等享有良好的教育资源，很多贫困家庭难以负担教育支出费用，于是在完成初中学业之后，这些家庭的孩子选择外出打工维持生计，形成所谓的"新生代农民工"，如此形成恶性循环，"马太效应"，雪上加霜。家庭经济条件会影响孩子的视野、思维、见识和综合素质，家庭条件不好，很难受到优质的教育。高考制度虽然饱受诟病，但这是目前公平公正的唯一方式，很多高校的自主招生政策，在西部山区生活的孩子，连听都没听说过，题型都没见过，连机会都没有。九年义务教育是公共产品，提供基础教育是政府的任务之一，政府的责任是要让个人能够拥有平等的受教育机会，所以在教育资源分配过程中，公正公平分配应该是首要的价值追求，普及九年义务教育不该是一纸空文，更重要的是落到实处。

在脱离学校教育、步入社会之后，个体的学习能力显得尤为重要，工作岗位上技能的获得主要基于企业提供的培训。很多企业不愿意提供培训，首先，在于培训费和培训时间是一笔不小的成本，如果提供普遍培训，必然增加企业的生产经营成本；其次，培训在企业看来是一件"为人做嫁衣"的事情，经过培训的员工有可能选择跳槽到另外的企业。所以，需要构建城乡统一的就业服务和培训体系，实行平等就业。

（二）信息的获取、利用能力普遍缺乏

信息资源是人类社会赖以生存和发展的三大资源之一。在信息时代，信息资源已成为国民经济发展不可或缺的要素。截至2015年6月，我国网民规模达6.68亿人，较2014年底共计新增网民1894万人。互

---

① ［印］阿马蒂亚·森著，任赜、于真译. 以自由看待发展［M］. 北京：中国人民大学出版社，2002：88.

联网普及率为 48.8%，较 2014 年底提升了 0.9 个百分点。手机网民规模达 5.94 亿人，较 2014 年底增加了 3679 万人。网民中使用手机上网的人群占比由 2014 年底的 85.8% 提升至 88.9%。我国网民中农村网民占比 27.9%，规模达 1.86 亿人，较 2014 年底增加了 800 万人。① 如图 9 – 11 所示。

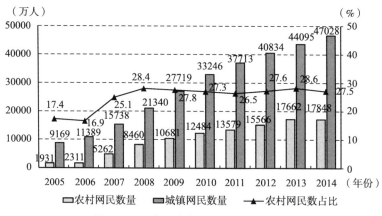

图 9 – 11　我国城乡网民规模对比情况

　　城乡之间二元结构不仅仅存在于传统的社会经济领域，也存在于信息领域。据统计，在整体网民规模增幅逐年收窄、城市化率稳步提高的背景下，农村非网民的转化难度也随之加大，未来将需要进一步的政策和市场激励，推动农村网民规模的增长。② 尽管农村地区的网民规模和互联网普及率都在不断增长，但是城乡互联网普及率差异仍有扩大趋势，如图 9 – 12 所示。

　　贫困人群一般都处于"信息孤岛"的状态，处于信息边缘化地带，社会性信息弱势群体主要包括城乡贫困人口、下岗失业人员、农民工等。信息弱势群体的特征为：在经济上，收入水平低，生活质量相对低下；在自身文化素质方面，受教育水平低，文化素质低；在个人能力方面，专业能力低，职业技能缺乏，大多从事一些报酬不高、技术含量低的工作，以体力活或手艺维持生计。

---

① 中国互联网络信息中心. 第 36 次中国互联网络发展状况统计报告. 2015.07.22.
② 中国互联网络信息中心. 2014 年农村互联网发展报告. 2015.06.17.

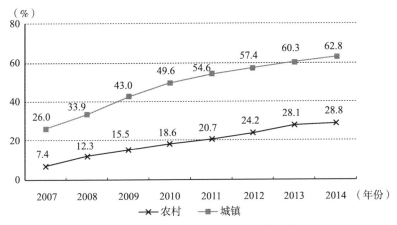

图9-12　我国城乡互联网普及率变动情况

农村整体教育水平的落后制约了网民的学历程度，与城镇差异显著，如图9-13所示。

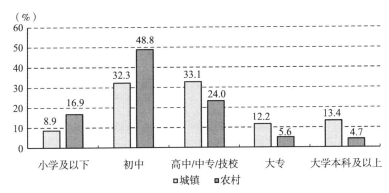

图9-13　我国城乡网民学历结构对比

从职业结构来看，农村网民中学生群体占多数（24.4%），其次是个体户/自由职业者（21.8%），农林牧渔劳动者（13.0%），无业/下岗/失业（10%），企业/公司一般职员（9.7%），如图9-14所示。

据中国互联网络信息中心公布的《第36次中国互联网络发展状况统计报告》（2015）显示，我国近年来农村网民的收入水平明显低于城镇，如图9-15所示。

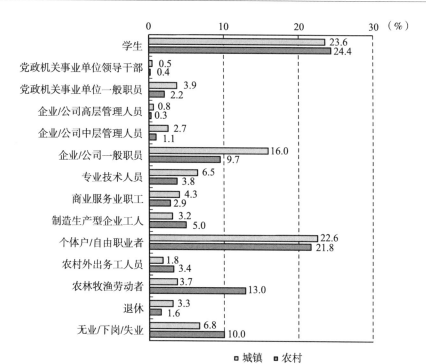

图9-14 我国城乡网民职业结构对比

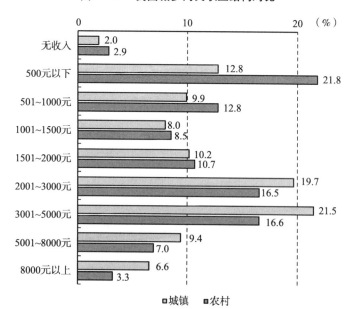

图9-15 我国城乡网民个人月收入对比

一些学者通过长期跟踪研究发现，长期以来，"老、少、边、穷"地区内不仅经济贫困、精神贫困、生态贫困，而且在信息化时代背景下，信息贫困问题日益凸显，获取信息的能力严重匮乏，成为制约当地区域发展的重要因素。信息贫困者因失去获取信息的能力和机会，无法充分参与创造、分享现代信息社会的成果，成为信息时代的落伍者或边缘群体。[①]

老一代农民工在年轻时并没有接受过教育，没有学过基础知识，甚至没有学过拼音、算术，等同于文盲，更不用说电脑、智能机器等现代电子产品的使用了。因此，普及和发展农村基础教育就成为贫困人口信息能力建设的前提。教育是基础，信息是先导，教育基础薄弱会制约信息化的发展。信息获取能力建立在所受的教育基础之上，教育直接影响个人获取信息的能力。

在当下日新月异的信息社会，由于农民工主动获取相关信息的能力差，信息意识薄弱，意识不到掌握信息的重要性，收集、甄别、利用信息资源的能力不够，加剧了信息的不对称，使其在各方面均处于弱势地位。他们很少主动获取外界信息，对外界发生的事情基本不甚关心，很少通过报纸、杂志等纸质媒体获取知识，通过互联网等高科技手段获取有效信息的能力弱。

由于偏远山区受到自然条件的约束，交通不便，通信设施不全，信息基础设施薄弱，信息传媒建设滞后，当地与外界难以接触，各种信息难以顺畅沟通，信息闭塞。人口本身的文化水平低下加剧了信息贫困，缺乏对信息的查找、收集、筛选、分析、利用，表现为信息意识淡薄、信息需求认知不足、信息需求表达不准、信息接收条件差、信息理解存在偏差、信息吸收转化能力欠缺等。信息贫困是欠发达地区经济落后的表现，也是经济水平落后的原因，两者相辅相成，相互促进，相互影响。

哈佛大学学者皮帕·诺里斯在《数字鸿沟》一书里指出，随着网络越来越变成生活、工作和游戏的核心——提供工作机遇、加强社区网络、促进教育发展，某些群体，如穷人、工人阶级家庭、偏远乡村，被系统地排斥在网络之外的问题就显得日益严峻。在互联网普及程度上，东部沿海地区明显优于中西部地区；同时，"数字鸿沟"受到经济发展水平的影响，收入水平越高、城镇化率越高、家庭电脑普及度越高的地方，信息化水平也越高；知识文化水平影响信息的获取利用能力，制约公众参与社会事

① 张新红.什么是数字鸿沟？[J].电子政务，2008（11）：12-15.

务；硬件条件不足加剧了"数字鸿沟"，信息基础设施落后成为产业调整、农民收入增加的障碍。

（三）社交能力弱，社会融入不洽

农民工整体的迁徙特性和城市的制度门槛使农民工很难在某地长期驻留，从个人生活上来说很难融入当地人际交往圈；从公共生活上来说，很难深度参与公共事务，也难以发挥实质性影响力，更多的是游离于公共生活之外。

根据我们的调查样本的数据显示，有44.4%的农民工参与了老乡会活动，27.8%的农民工参与了兴趣爱好组织，而参与维权组织的农民工仅有11.1%，均没有过半，如图9-16所示。

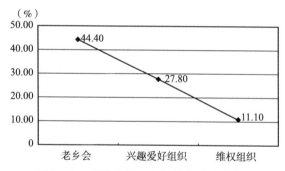

图9-16 我国农民工参与社会活动的情况

而据所收集的基本资料，在调研样本中，农民工主要来源于江苏、四川、山东三个省份，并且大部分都是老乡。因此，老乡会的参与人数没有过半只能说明缺乏组织。而维权组织的参与人数最低，可能是两个方面的原因，一个原因是农民工目前的权益相对于从前得到了提高，另一个原因则是农民工的法律意识仍然较弱。

（四）身体素质普遍较差，劳动力质量不高

农民工群体在城镇主要从事脏、累、差的活，主要集中在建筑施工业、交通运输业、机械制造业、矿业、住宿餐饮业、制衣制鞋业、批发零售业等行业①。生活、工作环境不好，粉尘、噪音、有毒有害气体等易侵

---

① 参见国家统计局，2013年、2014年全国农民工监测调查报告.

蚀身体，长时间风吹日晒，加之工作时间长、工作强度大、伙食差、营养跟不上，身体素质过多消耗，加速衰老；此外，医疗保健几乎为零，生病就医条件简陋，身体健康、医疗保健得不到有效保障。而健康是人一切活动的基本保障，疾病或健康状况不良使人不能有效地组织起可行能力所要求的各种功能性活动，从而难以摆脱贫困，甚至有人"因病致贫"。

下面以建筑工人为例来具体解析。建筑业工人在城市是否享有当地的医保，其发生的医疗费用是否能得到及时报销，工伤保险的覆盖率，以及参加公司组织的体检频率等指标综合构成了建筑业工人的多维福利。从指标分解可以看出，我国建筑业农民工在城市几乎不能享有当地的医保，其对多维贫困的贡献率平均达到 6.5%。由于建筑业的工人绝大多数是农村的剩余劳动力，一般其在农村都会参加合作医疗。在城市发生的医疗费用，是否能在农村得到及时报销，其结果并不令人乐观，且这一指标对多维贫困的贡献率平均达到 5.6%。而工伤保险，作为国家的一项硬性制度设计，在企业中的落实也并不尽如人意，根据指标分解，由未办理工伤保险导致的贫困在多维贫困中的贡献度也达到了 4.8% 左右。这三项基本医疗及工伤保障的缺失，对工人多维贫困的贡献度总和达到了 15%。与之相对应，体检频率这个指标的贫困贡献度也较为显著，平均达到 4.3%。由此可以看出，制度性的缺失，是我国目前建筑业农民工多维贫困的一个主要方面。虽然建筑业是一个高危行业，但暂时性的劳动防护品的保障，虽然对安全健康的影响也不容忽视（3.5%），但还不是主要的问题。

据统计，我国目前已有 1.3 亿城镇职工参加了基本医疗保险，5000 万职工享受着公费医疗，1.56 亿农民参加了新型农村合作医疗。但是，医疗保障体系的覆盖面依旧十分有限，绝大多数农民和农民工、城市下岗失业人员、低保人员没有医疗保障。他们作为困难群体，收入水平低，经济条件有限，常常应就诊而不就诊，应住院而不住院，结果"小病磨，大病拖"，酿成很多悲剧，如表 9-6 所示。

根据最新调查资料显示：当前我国外出一个月以上的农民工有 1.32 亿人，2008 年农民工平均月工资 1430 元，扣除物价波动因素，比 2002 年上升 80%，但是工资的上升基于劳动时间的延长，农民工的贫困状态并没有从根本上改变。在社会福利方面，调查显示农民工只有货币工资，而缺乏社会福利性的社会保障。其中，86% 的农民工没有医疗保险，80% 没有养老保险，82% 没有工伤保险，91% 没有住房公积金，虽然这些数字比以前有所提高，但水平仍然很低。在食品消费方面，5% 的农民工每天人均消费不足 3 元，44% 每天人均消费不足 10 元。《劳动合同法》实施之后，农民工的合同签约率比 2004 年有大幅增长，2008 年的合同签约率为 64%，而 2004 年仅为 21%。但是仍然有超过 1/3 的农民工没有签合同。调查显示，农民工平均每周的工作时间为 59 个小时，60% 以上的农民工的工作时间超过法定时间。[①]

表 9 - 6 农民工参与医疗保险情况

指标	是（%）	否（%）
（1）身体健康状况较打工前未见恶化	71.62	28.38
（2）有社会保险*	75.92	24.08
（3）参加过体检	63.77	36.23

注：*指至少拥有工伤保险、人身意外伤害保险、新型农村养老保险（新农保）、新型农村合作医疗保险（新农合）、商业医疗保险、生育保险中的任何一种。

在调查过程中，我们对所调查的农民工的身体健康状况进行了统计，具体情况如图 9 - 17 所示。

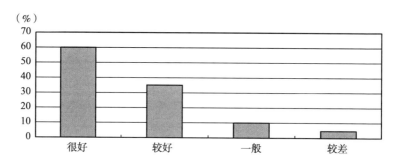

图 9 - 17 被调查农民工的身体健康状况

根据调查显示，在过去 6 个月中，只有极个别农民工住过院，处于身体状况较差的地步，大部分的农民工身体状况良好。因此，总体上来看，农民工的健康贫困程度并不严重。

与此同时，我们还对农民工获取健康知识的途径进行了调查，调查发现，大部分农民工并不关注健康知识。

① 引自《建筑业农民工多维度贫困调查研究》，中国国际扶贫中心应用研究项目，2015.

由图 9 - 18 可以看到，对于农民工来说，获取健康知识的主要途径为看电视节目和上网、短信等。但是在一定程度上来说，这些途径的权威性并不能完全保证。因此，公司、公益组织和当地政府应该注重对农民工健康知识宣传的力度。

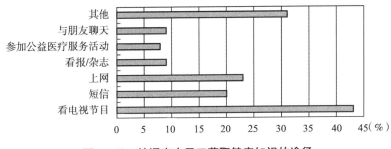

图 9 - 18　被调查农民工获取健康知识的途径

健康的身体是创造其他一切财富的源泉。森认为，健康是可行能力的一个表现，而疾病是一种可行能力方面的缺陷，它会降低获取收入的能力，同时也使得将收入转化为可行能力更加困难，因为严重的疾病需要更多的收入，以便得到照料和治疗，才能实现和别人相同的功能性活动。①

第三节　我国农民工能力贫困的原因分析

一、个人原因：人力资本缺乏

西方人力资本理论的开创者舒尔茨在 20 世纪 50～60 年代一系列研究论文的基础上对人力资本概念做了经典界定：人力资本主要指凝聚在人身上的知识、技能、经历、经验和熟练程度等，以货币形式表现为人们为提高人口质量、提高劳动者技能所支付的各项开支，包括从小到大的卫生保健费、学校教育费用、在职培训费、择业过程中发生的费用等。①

（一）受教育水平低

教育是人力资本最重要的投入渠道，受教育年限显著影响个人未来的职业选择和发展方向。Cheng 等根据中国的数据对公共投资的扶贫效应进行了实证研究，结果显示，在政府的各种投资中，教育投资的扶贫效应是最显著的。② 刘修岩等基于农户调查数据，分析了教育与消除农村贫困之间的关系，研究表明，教育对消除农村贫困的影响在统计意义上十分显著，提高农户的受教育水平确实能在很大程度上降低其陷入贫困的概率。③

目前，我国教育存在的问题首先，是教育资源分配不均，无论是硬件条件（教学楼、教学设备、住宿条件等）还是软件条件（文化氛围、师资力量、课外活动的机会、各种竞赛训练、参赛机会等），城市教育资源明显优于乡村教育，城市里的"学区房"现象也是这一问题的重要反映。对于农民工子女来说，是没办法享有良好教育的。其次，教育费用较高，尤其是高中以上的高等教育，除了正常的学费之外，在接受教育的过程中，产生的其他费用，如生活费、住宿费等学生衣食住行各方面的费用，都随着通货膨胀、物价上涨而增加。这些费用对于普通的工薪家庭来说都是一个沉重的负担，更不用说农民工了。甘肃省的情况显示，40%的学生在废除杂费之后还要支付其他某些形式的费用。④ 更多的直接成本，以及学生上学的间接的机会成本对于许多贫困家庭而言依旧很大，很多农村家庭的孩子在完成九年义务教育后便辍学打工或者嫁人。因此，社会上引发"寒门难出贵子"的热议，随着学校层级的升高，寒门贵子的比例越来越小。如果人生是一次长跑，那么，由于家庭出身，寒门学子的起跑线就已经落后太多，起跑后，动力不足，补给不足，身体素质差，能够咬牙坚持下来的屈指可数。这种局面是贫富两极分化和教育资源分配不均造成的，不从根本上解决问题，就会造成严重后果。胡鞍钢将获取、吸收和交流知识能力上的贫困，概括为知识贫困。知识贫困是导致个人基本能力不足的

① ［美］西奥多·W·舒尔茨著，吴珠华译．人力资本投资［M］．北京：商务印书馆，1990：2-7.

② Cheng, Fang; Zhang, Xiaobo and Fan, Shenggen：Emergence of Urban Poverty and Inequality in China：Evidence From Household Survey［J］．China Economic Review，2002：430-443.

③ 刘修岩，章元，贺小海．教育与消除农村贫困：基于上海市农户调查数据的实证研究［J］．中国农村经济，2007（10）：61-68.

④ 世界银行．从贫困地区到贫困人群：中国扶贫议程的演进［Z］.2009：157.

重要原因。

（二）缺乏掌握技能的能力

知识是指贮存在学习者头脑中的信息，通常是指我们自己"知道"一些什么事情。知识具有"有或无"的性质，即我们要么有某种知识，要么没有；要么贮存了这一知识，要么没有贮存。要是有人说他知道某一事物的一部分内容，这就等于说他知道信息的某些要素而不知道另外一些要素。[①] 技能是指各种心智的或身体的行动，以及对观念、事物和人所做的反应。这些行动和反应是学习者为了达成某一目标用胜任的方式做出的行为表现（Performs）。在练习和掌握某一技能时，学习者必须应用某些贮存在大脑中的知识。知识与技能的一个重要区别是：知识带有"有或无"的性质，而技能则是随着经验和练习得以培养的。在运用知识达成某一目标时，学习者可以有十分熟练的技能，也可能技能不很熟练。广义上的技能主要包括：思维技能，心理动作技能，反应技能，交互技能。

知识在农民能力培养中主要包含 3 种：专业技术知识，整合知识以及社会资源配置知识。对于我国广大农民工来说，由于农业生产和工业制造的特殊性，其知识的学习从本质上讲属于生产技术行为的学习，具有明显的目的性、自身能动性和个体差异性。农民和农民工根据各种媒体宣传、市场的需求变化、市场情况，以及同行的行为，确定每年购买的新产品及必须学习的新技术，并投入各种生产要素[②]。

在这里，我们所指的技能是指"掌握并能运用专门技术的能力"，简单来说，即技艺才能。技能的习得建立在一定的经验与时间积累之上，除此之外，还需要一定的经济实力——经济基础决定上层建筑。因为技能是有价值的，所以技能的获得需要付出金钱来换取。因此，对于农民工群体来讲，能满足基本的生活需要已属不易，拿出额外的钱去学习其他技能对他们来说是可望而不可求的。经济状况限制了他们学习技能的机会，反过来，由于某些技能的缺乏导致他们只能从事技术含量低的工作，而这种工作往往是低收入的。不少人因为无法适应劳动力市场的需求而游离于在现代部门之外。

---

① 罗米索斯基，盛群力 . 知识与技能分析（上）[J]. 外国教育资料，1994（5）：66 – 68，43.

② 黄志坚，吴健辉 . 基于 SECI 知识转化模型的农民技能培养模式研究 [J]. 安徽农业科学，2008（17）：7447 – 7448.

以个人为基础的人的素质的提高向可行能力的转化，主要是通过教育和职业技能的互相促进来实现的。社会分工的发展日益凸显出教育对一个人可行能力的影响。如斯密所说，一个搬运工和一位哲学家在孩童时代的一起玩耍中看不出有什么显著的不同，他们的差别是后来的教育造成的。正是由于社会分工发展基础上的教育的发展，使得人们一生的可行能力的差异主要不是取决于天赋，而是取决于可以和实际受到的教育。

二、社会原因：社会排斥根深蒂固

贫困，不仅意味着因为缺少收入和财产而被排斥在基本需求之外，而且还指被排斥在劳动力市场、民权和政治权利之外。① 社会排斥是一个多维度的概念，包括经济排斥（劳动力市场排斥、消费市场排斥等）、政治排斥（政治决策过程的排斥或公民权的缺乏）、文化排斥、关系排斥和制度排斥。② 不同维度的排斥之间具有"累积"性质，也就是说，社会成员在某一个层面遭受的排斥，往往会导致他在另一层面也遭受到排斥。③

由于没有一定的知识做储备，再加上缺乏必要的交流工具，如电话、电脑等，导致农民工与社会其他成员难以进行有效的信息交流，使很多人处于信息隔离状态，从而生活在城市孤岛里，难以融入当地社会。

三、制度原因：制度性致贫破坏了公平

腐败是横亘在一个国家谋求政治、经济和社会改革、发展过程中的一个长期障碍。腐败肆虐于政府、私人部门和公民社会之间，它误导政治决策，扭曲财政预算，干扰政策执行，从而从根本上影响了国家发展的方向。④

森的可行能力理论主要强调主观能力，忽略了客观机会。只有综合考虑主观能力与客观机会，才能从根本上减少贫困的产生。如果说个人能力

① 钱志鸿，黄大志. 城市贫困、社会排斥和社会极化——当代西方城市贫困研究综述 [J]. 国外社会科学，2004（1）：54 - 60.

② 孟昉. 西方社会排挤理论研究回顾与借鉴 [J]. 科学社会主义，2008（5）：144 - 145.

③ 景晓芬."社会排斥"理论研究综述 [J]. 甘肃理论学刊，2004（2）：20 - 24.

④ 胡道玖. 可行能力：阿马蒂亚·森的发展经济学方法及价值关怀 [J]. 福建论坛（人文社会科学版），2014（4）：74 - 80.

的增强主要依靠个人主观努力的话，那么机会和权利的提供、增加和保障，则主要是政府和社会的责任。能力理论比较偏重强调能力的被剥夺是贫困的主要原因，贫困也源于权利和机会的不足。能力理论确实创造性地与社会排斥理论相结合，从能力的角度提出了社会排斥问题，但忽视了从权利角度去观察社会排斥。贫困群体不一定是由于个人能力不足而受到社会排斥，更多的情况是由于权利不足和机会缺乏而遭到社会排斥。[1]

我们对社会现实的预期并不应该干扰我们对社会现实的认识，我们对社会现实的认识也不应该妨碍我们对社会现实的期待。我们希望一个公平正义的社会，让全体公民共享改革成果，是我们全面实现小康社会这一宏伟目标的必经之路。

第四节　我国农民工能力减贫的具体思路

正如一些学者指出的，我国的扶贫政策常常是以贫困地区（如贫困县、贫困乡）为扶贫对象，而不是以贫困家庭和贫困人口为扶贫对象，这两者虽然有联系，但并非一回事。事实上，在贫困地区也有富人，在富裕地区也有穷人，扶植贫困地区的富人和遗忘了富裕地区的穷人都是偏离了扶贫济贫的宗旨和目标。[2] 农村贫困的根源不是收入或消费的匮乏，而是由于教育、社会保障、健康和机会等方面的贫困所导致的能力贫困。贫困人口若缺乏自身的反贫能力和抗风险能力，过度依赖外界投入的扶贫资金，则一旦遭遇自然灾害、市场需求变动或扶贫资金撤出，刚迈过贫困标准边缘的家庭们脆弱的收支平衡就会被打破，从而再次陷入贫困状况。[3] 在信息高度发达、知识经济蓬勃发展的今天，我国目前的人力资本状况还远不能适应知识经济发展的要求，从人口大国转变为人才大国还有很大的提升空间。

在一切的因素中，人的因素最为关键。"唯有人类素质和能力的发展才是取得任何新成就的基础，才是通常所说的发展的基础。"[4] 脱贫，在

① 郭爱君，王朝璞. 基于能力贫困与权利贫困视角的我国城市贫困原因分析——以甘肃省为例［J］. 开发研究，2007（2）：143-145.

② 郭熙保. 论贫困概念的内涵［J］. 山东社会科学，2005（12）：49-54，19.

③ 王善平，周盈. 反贫能力导向的扶贫资金综合绩效问题研究［J］. 求索，2011（5）：47-48.

④ ［意］奥雷利奥·佩西. 人类的素质［M］. 北京：中国展望出版社，1988：183.

短期内解决贫困的有效办法是提高贫困人口的收入水平，而从长期来看，必须使得贫困人口具有"自我脱贫"的能力，授之以鱼，更要授之以渔。当然，并不是要反对"低保"、扶贫金等金钱物资资助的做法，而是说除此之外，更重要的是需要发挥每个人自身的主观能动性，去充实自我、提高自身能力，需要去创造一个公平公正的良好的社会环境，让民众都能参与竞争，都有机会实现自我。所以，减贫的总体思路是，提高人的可行能力，增强人的生产力和反贫困能力，构建以可行能力建设为导向的反贫困政策体系。当然，这个体系必然是庞大的，涉及政治、经济、教育、医疗、社会生活的方方面面。扶贫方式逐步从以物质资本投入为主向"能力建设"为主的方向过渡，或者二者兼顾，不同地区因地制宜，采取不同的模式。为了长远的发展目标，普及九年义务教育是奠定全民文化基础，但与此同时，在国家转型、产业升级时期，发展经济还需要技术教育和职业教育。要完善目前以升学为主导的教育结构，拓展教育途径，大力发展职业教育和长、中、短期技术培训，培养大批能掌握各种经济信息和操作实用技术的高级技术人才，以满足地区经济建设的需要，顺应时代的发展变化。

一、增能：增加人力资本投入，增强就业能力

在保障生存的基础上，着眼于治本脱贫与发挥人的潜能，通过各种配套救助和社会工作，给包含农民工在内的城市贫困阶层以"脱贫致富"的可行能力，由经济援助向可行能力培养为主过渡，帮助其通过自助，融入主流社会，这才是制度的最终目的。

（一）加强农村基础教育投资力度，提高整体文化素质

构建覆盖农民工的城市公共服务体系，发挥政府的主导作用，在农村基础教育的投资过程中，应结合新农村建设，增加教育经费的投入，形成以国家财政支持为主，多种形式并存的教育支持体系，鼓励社会各界对教育投资，发展社会公益组织与慈善机构等非官方机构。逐步解决农民工子女上学、医疗卫生、居住等问题。通过加大教育投资力度，培养现有师资队伍，提高中小学教师队伍素质，优化基础教育阶段的教育环境，抓好九年义务教育，同时加快普及高中教育，缩小城乡教育资源差异，提高下一代人员的文化素质和知识文化水平。

从世界范围来看，发展中国家与发达国家人口的素质差异是世界经济发展不平衡的一个重要原因。发展中国家教育投入不足，人才外流，人口质量低下，影响了发展中国家的经济发展。发达国家利用高收入政策所产生的人才积聚效应，推动了其在科学技术领域的相对优势地位，从而在国际贸易与交换中赚取了更多的利益。如何改革现有的教育体制，用好有限的教育投入，使其更加符合经济发展的需要；如何完善政策，吸引人才，是广大发展中国家亟待解决的重要问题。

推动人力资本投资的多元化发展。教育投资具有很强的外部效应，除了政府之外，还可广开门路，鼓励个人投资和社会各界投资办学，推动教育产业化。

（二）建立、完善职业技能培训制度，加大培训力度

建立、健全城乡一体化的农村劳动力培训体系，解决当前农民工劳动力文化水平和生产技术落后的现状；发挥农村合作组织和产业化组织的技术传播功能，提高先进工、农业生产技术的传播速度，促进生产技能的提高。

职业技能的培训将有助于提高现有的一大批由于基础教育不足，而导致文化素质偏低的人群的人力资本。丰富的培训类型、拓展培训内容，对于农民工自身的成长和综合素质的提高有着积极的促进作用，可以为农民工未来的职业选择提供更多的机会和资本。在现阶段，国内具有较高素质和技能水平的劳动力（即具有较高人力资本存量）供不应求，特别是高技术人才、风险管理、企业经营者严重匮乏。因此，要真正实施"科教兴国、人才强国"战略，必须采取有力措施加大人力资本投资，迅速提高人力资本素质。要特别注意扭转目前单位与企业普遍存在的重用人而轻培训的短视行为，加强企业对人力资源的管理，鼓励企业对人力资本进行投资，真正体现"以人为本"的经营思想。当前，为顺应知识经济发展的需要，迎接新挑战，也应该积极倡导"终身就业，终身培训"的观点，积极提供在职培训以及各种后续教育。

在农民工职业技能培训的过程中，需要立足现实，面向市场，有针对性地发展职业技术培训，培育农村自有人才，提高群体的整体素质。培训可采取村委会自办或通过请专家学者来讲学等进行专业指导，与大专院校签订人才培养合约等方式提高农民工的专业水平。农民工职业技能的培训由于培训的技能性、实用性和针对性，因而对农民工人力资本的提高较为

明显。而新生代农民工往往不满足于当前的生活和工作状态，对未来怀有更多的期望和希冀，渴望通过学习新的知识，开阔自己的视野，探寻新的职业发展可能。除了必要技能之外，重点需要培养其自身的学习动力和学习能力。而城市化在本质上是"人的城市化"，农民工作为城市化过程中的重要支柱之一，农民工的思想、素质、能力等多个方面的提高对于整体城市化水平的提高至关重要。通过这些培训，努力帮助农民工尽快融入城市，实现个人尊严。

通过前面的调查分析可知，培训对农民工的工资具有显著影响，除在打工地接受培训之外的其他培训方式也发挥着非常重要的作用。因为虽然多数农民工有机会在进入工地之后跟着老工人进行技能学习，但是在此之前，农民工能否接受到比较系统的培训，影响着工人进入工地之后学习新技能的速度。尤其是对于建筑行业的工人来说，刚刚进入建筑业的工人，系统的工作培训可以缩减其在职学习的周期，同时增加其在劳动市场上的竞争力，获得更多的工作机会。

培训可由企业提供，也可以按照与企业签订的合同由企业以外的机构提供。政府应当鼓励企业开展各类培训，允许工人接受培训，以达到较高的资格水平和技能水平，开阔社会视野。提升就业能力属于"双赢"的策略，一方面，可以拓展技能，促进农民工就业能力的提高，进而支持企业改革和企业经营运转；另一方面，企业给工人提供措施，能使工人不断适应劳动力市场的变化。

但是在现实中，劳务分包公司、社会机构、政府机构等培训方式并没有发展起来。大部分农民工没有参与过技能知识培训，这提醒有关政府部门和企业应该开展技能知识培训的课程，进一步提高农民工的能力，从而从根本上改善农民工由于技术限制所造成的工资低的经济现状。因此，国家一方面要提高农民工接受、参与培训的意识，另一方面要与社会机构有效互动，发展多样化的培训方式，同时充分发挥政府在农民工培训中的监督促进作用。国家及政府部门可以出台一些相应的政策，帮助农民工处理生活、工作中遇到的问题，鼓励农民工通过学习提高自身的整体素质。

当前，北京、深圳等农民工聚集的城市存在很多帮助农民工改善生活质量的公益组织，政府可寻求与这些公益组织的有效合作，充分调动职业技校等社会力量，形成工地、政府、社会机构、公益组织和农民工自身之间的有效互动。由于建筑工地本身对工人进行培训的意识和动力不足，导致很多培训班和很多从业资格证形同虚设，因此，政府相关部门也应该加强考核与监督，将原有的从业资格证制度、农民工夜校制度落到实处。

通过重视培训的作用和提高培训的质量，提高单个农民工的工作质量和工作效率，在劳动力供给量不变的前提下，可增加社会劳动力创造的总体价值。加快推进建立现代企业制度，完善劳动力市场，健全以市场供求为基准的灵活的用工制度，使劳动者的收入真正与其能力贡献相匹配，以强化人力资本投资的诱因，形成人力资本投资与经济发展的良性循环。

二、增加公共服务供给：改善生存条件，提供生活保障

之前的调查问卷显示，在衣食住行中，农民工最迫切需要改善的是住房条件，希望政府能提供设施良好的廉租房。为此，政府应该切实采取各种有效措施，利用各种优惠政策，多渠道地为农民工提供住房保障，积极改善农民工的居住和生活环境条件；有条件的地方可将进城务工的农民工住房纳入所在城市经济适用房的供应范围。在逐步改善农民工居住条件的同时，加强农民工住房安全管理，提供符合国家建筑设计规范、消防标准、基本卫生条件，远离危险源和污染源的居住场所。

另外，要提高健康意识，保证良好、方便的就医环境。农民工们普遍缺乏健康意识，以及缺少获取健康知识的途径，政府可针对这一现象组织医务工作人员定期为农民工提供健康讲座。同时，政府应该监督用人单位对农民工进行定期体检，以保障农民工群体的健康情况。此外，针对农民工看病就医困难的问题，当地的医疗卫生部门可以扩大社区医疗的网点和范围，使农民工看病就医更加方便、便宜。企业也应定期实行公共卫生检查，保证其拥有健康的生活环境。[1]

三、增强信息化建设：建立信息咨询机构、提供信息服务

关注贫困群体的信息需求，开展信息扶贫工作，做好信息启蒙教育，普及信息技术基础教育。可以建立信息咨询机构，进行信息的选择、分析、加工、传播，引进适宜地区经济发展的有效信息，及时地、分门别类地提供信息服务，提高农民的信息素养。

---

① 中国国际扶贫中心应用研究项目. 建筑业农民工多维度贫困调查研究，2015.

四、赋权：废除社会排斥制度，构建安全网络

赋权能使农民工平等地享有各种政治、经济和社会权利，以及各种社会资源。

（一）教育、医疗资源等公共服务公平分配

第一，废除城乡分割的二元户籍制度。改革二元户籍制度和其他一系列城乡分割制度，是在制度层面上消除社会排斥的主要举措。中国作为世界上人口最多的发展中国家，却走了一条与其他发展中国家不同的道路：优先工业化，抑制城市化。在 20 世纪 80 年代以前，中国限制农村劳动力流动和人口迁移，通过无偿占有农业积累来优先发展重工业。在人民公社制度、农产品统购统销制度和世界上最严格的户籍制度的配合下，农村劳动力被长期束缚在有限的耕地上，不能流动，不能参与工业化进程，更不能享有工业化成果，使得本已根深蒂固的城乡二元结构不断强化，成为经济发展的桎梏。[①] 在改革开放 30 多年之后，这样的局面有所缓解，但并没有得到根本性的纠正。目前中国的城市化率偏低，城镇化水平明显滞后于工业化率，违背了经济发展过程中城市化率要高于工业化率的基本规律。因此，中国农民工每年大面积的流动而不迁移，成了当今世界最为醒目的经济学现象，同时也成了最为醒目的人口歧视现象。国际上的多数国家，其劳动力流动和迁移过程，基本上是统一的。劳动力一旦流入城市，就自动获得了城市居民身份，只要找到工作，就可以安居乐业。这样的人口流动迁移过程，间或发生劳动力回流的现象，但是并非出于制度性障碍，而是基于个人因素的考量。而我国的农民工，辗转反复，很难获得城市居民的身份，更难以享有城市居民同等的社会服务。

有人做过简单的统计，仅以每年流动的农民工人数来算，如果参与到这种简单流动中的农民工为 1 亿人，每年每人平均花费 500 元交通费，一年耗掉的农民工收入就是 500 亿元。假如每个农民工将 3 万元寄回老家盖房子，则是一笔高达 3 万亿元的投资。而今天，农民工的主要生活场所是城市，所以他们在农村投资修建的房屋，80% 处于闲置状态，既没有发挥

① 盛来运. 流动还是迁移：中国农村劳动力流动迁移过程的经济学分析 [M]. 上海：上海远东出版社，2008.

效用，也不可能流通。因为在普遍看来，农民工自己修建的房子是小产权房，不能进入流通领域，这就意味着，广大的农村，没有一个明显的房地产市场。这是对农民工收入的一种政策性浪费，劳民伤财。政府封锁了通往城市的大门，同时也封锁了农民在城市里投资消费的通道，迫使农民回到农村进行价值低廉的消费行为和投资行为。而城市的发展，城市整体的消费能力，尤其是"拉动内需"，成了空洞无物的口号。①

政府过多地考虑了其他发展中国家出现的过度城市化问题以及由此造成的城市病，比如城市的拥挤与混乱，贫民窟和棚户区。这种基于追求社会稳定、规避政治风险的政策，真的会带来长治久安、社会稳定、风险规避吗？事实上，任何一个政府都承认，大量的农民进城，首先带来的是经济的发展，不仅是农村的发展，更是一座城市的发展。今天农民工的主要收入显然来自他们在城市里的劳动，而不是田野间的耕作。政府希望农民在取得一定的经济收入之后，回到农村安居乐业，并以这样的方式维护社会稳定。

农业经济学家文贯中在 20 世纪 80 年代后期，经过大量考察和分析后指出，解决中国的农民问题，必须是中国农民数量的绝对下降，要消灭一个旧的农民阶级，取而代之的是人数很少但质量高的现代农民阶级，单用价格保护、补贴政策无法彻底解决农业问题。当然，政府的本意是想帮助农民的，每年年初都有一个全国农业工作会议，中央一号文件也都与农民有关，但相关的政策制度却又限制农民自由迁移，用一个明显具有不平等性的户籍制度将中国人分为不同的等级。

第二，动员社会公益力量，发展社会工作（social work）。做好相应的贫困救助工作，不仅要熟悉关于救助的政策和制度，更需要运用专业的社会工作知识、助人的理念方法与贫困群体进行沟通、交流；不仅要实行物质救助，更要传递自助的精神，让城市贫困群体重新成为生活的强者，点亮心中的希望之灯。此外，政府部门要鼓励、引导、组织社会力量参与社会救助，积极开展结对帮扶、社会互助、邻里互助等活动，培养困难群众的"造血"能力，让困难群众掌握一定的就业、创业技能，帮助困难群众提高改变生存状况的能力。

2004 年美国南卫理公会大学考克斯商学院的麦尔·伏吉特（Fugate）教授和他的同事们提出的基于个人特征的就业能力的定义强调，个人在工

---

① 苏小和. 我们怎样阅读中国 ［M］. 北京：北京航空航天大学出版社，2009.

作上应具备很好的适应性，而不单单只是具备专业知识技能和通用技能。①伏吉特教授把就业能力定义为个体通过积极的调整和改变，适应工作环境的一种多维特征，或者说是一种能够使人识别和抓住各种职业机遇的主动适应能力。人的主动适应性和前瞻性是就业能力结构的基础，而这里面所指的适应性来自社会融入的融洽度。在一个充满不平等和排斥的社会，无论一个人再怎么努力，也不可能真正融入这个社会。

（二）建立、完善普惠性的社会保障制度

20世纪90年代以来，我国政府采取了一系列措施，加大了城市反贫困的力度，有效地缓解了城市贫困，保证了绝大部分城市贫困人口的基本生活。但从总体来看，仍局限于收入贫困和经济救助，即仅仅以收入为标准衡量贫困，消除贫困的政策也主要是利用各种形式的现金收入再分配。由于只关注与个体特征无关的收入低下，而漠视由于经济谋生手段不足而造成的能力失效，阻碍了我们对贫困现象背后的关注。

除基本的社会保障之外，政府可以联合高校、高职学校对失业人群提供一定的技能培训。对于下岗工人的救助不是对他们的施舍，而是保存他们及其子女的生产能力。不能单纯发放救济金，根本的解决方法在于提高失业工人的素质与能力，对其进行职业培训，并给其提供就业机会，使失业者有机会与能力重返工作岗位。实现就业扶贫的目标不应该是仅仅提高贫困人口的收入，而是要提高他们创造收入的能力，即便这样可能暂时减缓贫困人口收入的提高。

---

① Fugate M, Kinicki A J, Ashforth B E. Employability: A psycho-social construct, its dimensions, and applications [J]. Journal of Vocational Behavior, 2004, 65 (1): 14-38.

第三篇
中国经济增长模式的选择:
益贫与包容增长

第十章

对于益贫式经济增长模式的探索

　　传统发展经济学广泛持有的观点是"涓滴理论"。"涓滴理论"认为社会财富会有一个自然的渗漏过程，不需要政府采取措施对分配进行干预就可以实现社会的平等。"涓滴理论"在某种程度上影响了政府决策。政府不再把救济看作救助穷人最好的方法，而是通过对资本减税，促进投资，维持自由放任的市场竞争来推动经济增长。受"涓滴理论"的影响，早期的减贫策略立足于促进经济发展，自然而然地就可以达到减贫的目的。这一理论在20世纪50～60年代盛行。但是20世纪60年代以后，一些国家慢慢意识到了经济增长的好处并不能被全体成员共享，甚至有些国家穷人的福利随着经济的增长出现了恶化，这一现象被称为"贫困化增长"。随着人们对经济增长认识的不断深入和日益拉大的贫富差距对社会的负面影响，人们开始逐渐思考如何将经济成果在不同的社会成员之间进行分配，以及如何促进穷人福利的完善。20世纪90年代初，世界银行的世界发展报告提出了三大减贫策略，强调应创造机会让穷人参与到经济增长中去。该报告虽然没有明确提出"益贫式增长"，但是其内容体现了"益贫式增长"的理念。2000年世界银行的世界发展报告中明确提出了"益贫式增长"的概念，指出以此为依据制定世界银行的减贫政策并指导各国的减贫实践，"益贫式增长"因而开始盛行①。

　　以中国为例，国家统计局报告显示，1995年以来的二十多年来，中国经济增长速度惊人，GDP增长了近8倍左右。然而，不可忽视的事实是，中国的贫富差距正在拉大，相对贫困现象依然严重。大量实证文献已经证

————————

　　① 张庆红，益贫式增长的内涵及其实现路径：一个文献综述 [J]. 新疆财经大学学报，2014（3）：5-12.

明，严重的社会不平等会进一步制约经济增长速度；同时，不平等问题还会引发社会冲突，造成社会动荡。因此，中国政府重铸了发展目标，在保持快速增长的同时，更加关注穷人是否会从增长中受益，寻求更有利于穷人的增长方式，这就是"益贫式增长"①。中国的农民工作为一个特殊群体，他们呈现出多维贫困的特点，表现为物质贫困、精神贫困、权利贫困、福利贫困和能力贫困。因此，中国如果能够借鉴国外的益贫式经济增长经验，探索中国的益贫式经济增长模式，将会对解决农民工多维贫困问题，维护社会稳定，构建社会主义和谐社会有很大的裨益。

第一节　关于益贫式经济增长的理论讨论

关于益贫式经济增长，国内外很多学者都进行过研究，包括益贫式经济增长的理论基础，益贫式增长概念的界定，以及益贫式增长的实现途径。

一、益贫式经济增长的理论探讨

Martin Ravallion（2001）指出，发展中国家的穷人确实能从经济富足的情况下受益，但是，不同国家的穷人能从经济增长中获取的份额是不一样的，由此，他提出了益贫式经济增长的概念，即通过收入再分配政策使穷人受益。益贫式经济增长以"经济增长—收入分配—贫困"三角关系为研究基础，探讨经济增长和收入分配如何减少贫困，以及如何建立使贫困人口从经济增长中受益的机制。一般认为，经济增长指的是人均国民收入的增加，也就意味着人们变富裕了，这个概念易于理解，被学者广泛接受。然而，也有一些国家，比如拉丁美洲的某些国家，其人均国民收入高达4000美元，却仍然存在大量的贫困人口，这些人连基本的生活都无法保障。由此说明，减少贫困不仅取决于经济增长效应，还取决于收入分配效应。

Bourguignon（2003）在前人研究的基础上，提出了"贫困—经济增

---

① 周华，益贫式增长的定义、度量与策略研究——文献回顾 [J]. 管理世界，2008（4）：160－166.

长—收入分配"三角图,认为除了经济增长效应外,还存在收入分配效应。收入分配效应也是影响经济增长减贫效果的因素。贫困、经济增长和收入分配之间的关系比较复杂,很多学者对此都有研究,Dollar 和 Kraay (2002) 通过对 92 个国家 40 年的研究发现,最贫穷的 20% 人口的收入份额不会随着平均收入的变化而变化,也不会随着可以解释收入增长率的政策和法规而变化,更不会随着一些益于穷人的措施和政策而变化。他们强调了经济增长在减少贫困中的作用。王小林在《贫困测量:理论与方法》一书中指出,并不是所有的经济增长都能减贫,只有经济增长是持续的,广大劳动者才能从中受益,且劳动收入在收入增长中占较高份额时,才能实现减贫的目的。Richard H. Adams 采用了 60 个发展中国家的数据来分析贫困的经济增长弹性,通过研究发现,贫困的减轻程度依赖于如何定义经济增长。如果经济增长以人均 GDP 来定义,那么贫困的经济增长弹性则是不显著的。这些研究都没有证据直接表明经济增长和收入分配之间存在系统性关联。但是,可以肯定的是,经济增长速度虽然快,但如果收入分配政策不合理,就很有可能造成更多的贫困人口,从而对减贫产生不利影响。

二、学术界对益贫式增长的认识

益贫式增长虽然在很多场合都被谈到,但学术界对其并没有一个统一的定义。其中,最权威和最具有代表性的是拉瓦雷(Ravallion,来自世界银行)和卡瓦尼(Kawani,来自 UNDP 的国际贫困中心)提出的定义。拉瓦雷认为,使穷人的平均收益增长大于零的经济增长是益贫式增长。该定义只关注经济增长和贫困减少,而不管在增长过程中不平等的变化。拉瓦雷的定义被称为"绝对"益贫式增长。卡瓦尼提出不同的定义:穷人的平均收入增长比非穷人快,穷人从经济增长中获得的收益比非穷人更多,这样的经济增长才是益贫式增长。这个定义被称为"相对"益贫式增长。克拉森(Klasen)进一步将绝对益贫定义为"弱绝对"和"强绝对",前者要求增长期间穷人的绝对收益大于平均收益(或非穷人的收益),后者则要求穷人收入的增长率为正值。"强绝对"关注绝对的收入不平等的下降,在现实生活中很难实现。因此,各国在减贫过程中主要关注的是"弱绝对"和"相对"益贫式增长①。

---

① 张庆红,益贫式增长的内涵及其实现路径:一个文献综述 [J]. 新疆财经大学学报,2014 (3): 5 – 12.

国内学者关于益贫式经济增长的文献主要集中于通过学习国外的益贫式经济增长经验，探索中国未来新的经济增长模式。

刘玉安（2008）提出，要向北欧福利国家学习，经济发展可以使得公平与效率兼得，不能以失去公平为代价；北欧国家在实现经济增长的同时也实现了社会和谐。林卡、张佳华（2011）指出，北欧国家的社会建设经验对于我们探索社会建设的道路具有积极意义，可以在政治生态问题、人本主义的价值基础、发展目标"非商品化"等方面向北欧国家学习借鉴。王逸珊（2010）基于希腊主权债务危机，思考了福利模式的困境，为中国完善社会保障提供了建议。蔡荣鑫（2009）提出，可以借鉴越南的益贫式经济增长模式，指出要实现益贫式增长，关键是要形成一种良性循环的机制，而这种机制主要取决于穷人参与经济增长过程的机会和能力，以及由此所决定的穷人从中受益的程度。反贫困的一项重要工作就是要设法提高贫困人口自身脱贫的意识和能力。安春英（2010）从非洲经济增长的悖论出发，提出了益贫式增长的重要性，并为非洲发展提供了战略建议，对中国益贫式经济增长也有借鉴意义。张庆红（2014）通过对印度尼西亚益贫式增长的经验进行梳理总结，为发展中国家实施益贫式增长战略提供了思路和视角。张庆红认为，实现益贫式增长要求保持持续快速的经济增长，和实施向穷人倾斜的社会经济政策与措施。这些措施包括增加贫困人口参与经济增长的机会，大力投资农业基础实施和基础教育，保持宏观经济稳定，完善劳动力市场等。张庆红（2014）比较了越南和孟加拉国益贫式增长的实践，认为发展中国家在减贫过程中，应保持高速的经济增长与对穷人有利的收入分配相结合的模式，提高贫困人口应对危机的能力等措施，促使贫困人口参与到经济增长过程中并分享到经济增长的成果，从而实现贫困的快速下降。韩秀兰（2012）回顾了益贫式增长提出的国际背景，最后提出了实现益贫式增长的政策框架，包括倡导结构性改革以锐意减贫，构建宏观经济框架和国家减贫政策之间的"单向"一致性策略，宏观经济稳定前提下保证再分配和初次分配的益贫性指向，益贫式增长应内嵌于民主政治进程等政策建议。

第二节　国外益贫式经济增长的实践探索

基于现有的研究和成功案例，本节主要从世界各国中找出一些比较典型的国家和地区进行论述。发达国家选取北欧的瑞典和丹麦作为代表，发展中国家选取越南、孟加拉国和印度尼西亚作为代表。

一、北欧式益贫式经济增长

北欧福利国家发展的初期，在经济社会发展方面，北欧的瑞典和丹麦取得了显著的成果。不仅如此，居民的幸福感指数也名列前茅。这与瑞典和丹麦的一系列国家政策和社会保障制度是分不开的。19 世纪中期，伴随着第二次工业革命，北欧从农业社会开始向工业社会迈进。随着工业化的推进和工人阶级的壮大，北欧国家出现了对有关工人问题的社会政策讨论。从 19 世纪 70 年代开始，北欧各国开始相继建立养老保险政策。1981年，丹麦颁布了养老保险法，瑞典也于 1913 年建立了养老保险法，这些养老保险覆盖全民。在失业保险方面，丹麦于 1907 年建立了国家给予补贴的失业保险体系，瑞典也于 1934 年也设立了相似的失业保险体系，保障失业工人的基本生活。除此之外，丹麦和瑞典在 1916 年都通过了工伤保险法，强制雇主为工人投保，保护工人的工作安全。北欧国家一些地方政府的公共部门为 16 岁以下孩子的父母或监护人提供少量的工资补助，瑞典从 20 世纪 20 年代也开始为儿童提供津贴，并为小学生提供午餐。这些为儿童提供保障的法律法规客观上为儿童的未来发展提供了较为平等的机会，减少了贫困在代际间的传递。1948 年，丹麦也设立了为 16 岁以下儿童提供福利的计划。

随着对福利政策探索的不断深入，北欧逐渐形成了益贫式的国家体系，这个体系涵盖了社会津贴、公共福利和社会保险计划。社会津贴方面，北欧国家对儿童、残疾人等弱势和贫困群体提供大量的津贴。在公共福利方面，北欧国家也相继建立起了医疗、教育和住房等公共服务体系，这些体系覆盖至每一个公民。在社会保险方面，丹麦于 1956 年通过了国民年金立法。瑞典早在 1946 年形成了以税收为基础的统一的基础养老金。瑞典也在 1946 年形成了以税收为基础的统一养老金。

北欧国家益贫式增长的制度建设可以从以下三个方面来理解：

第一，阶级谈判和利益协调机制。在北欧，劳资关系的协调有着规范化的机制作保障。这一机制要求劳资双方和劳动仲裁委员会一起协商解决与企业职工利益相关的问题。在这种模式下，不同阶级和阶层的利益可以通过协商的方式来解决。这一机制不仅有利于解决劳资关系问题，也保障了贫困人群的经济利益，使他们在雇主面前也有讨价还价的能力。贫困人群，如技术水平较低的工人，年龄较大、甚至丧失劳动能力的工人，以及妇女，在劳动力市场上往往处于弱势水平。他们在利益受到侵犯时，很难联合起来维护自己的合法权益。这样统一的利益协调机制无疑为他们提供了方便和保障。在福利国家体系成长起来后，这一机制仍然在发挥重要作用。

第二，社会再分配机制。北欧的社会保障机制成功地降低了社会的贫困率，使得社会全体公民，特别是低收入群体，能够在不同程度上受到公共体系的保护。在这个机制下，社会福利开支主要由公共财政承担。税收占福利开支的 50% ~ 80%，个人缴费只占 15% ~ 20%。在北欧国家，政府将福利开支大部分用于收入转移，其余的用于社会服务等，大大提高了北欧国家的社会再分配效益。

第三，社会服务机制。北欧国家具有发达的公共福利服务机制。20世纪 50 年代以来，一些国家，如丹麦，立法允许地方政府去资助家政服务，并设立了对老人的家政服务的津贴。即使在 20 世纪 90 年代的福利削减时期，在社会服务方面的公共开支也并未受到很大的影响。阶级谈判、利益协调机制和社会再分配机制有利于社会财富的平等分配，减少财富的两极分化，降低低收入人群的比重。而社会服务机制使得那些在初次分配和再分配之后，仍然处于低收入水平的穷人不至于失去生活的保障，使他们也能够在社会服务机制下维持正常的生活，减少整个社会的贫困现象。

二、一些发展中国家的益贫式经济增长探索

越南、孟加拉国和印度尼西亚，这三个国家的社会经济发展水平不一，社会体制也有较大差异。20 世纪 90 年代，越南和孟加拉国均在经济增长和减贫方面表现突出，为其他发展中国家的益贫式增长树立了典范。而印度尼西亚从 20 世纪 60 ~ 90 年代中期的经济增长伴随着贫困大幅下降，其经济增长被认为是益贫式的。通过对这三个发展中国家的研究，可以为中国益贫式经济增长提供宝贵的经验。

1979 年中越战争使越南的经济出现负增长，经济增长放缓。1986 年通货膨胀居高不下，越南经济面临崩溃。1986 年，越南正式开始改革开放。20 世纪 90 年代，越南经济快速增长，与此同时，贫困率从 1993 年的 58.1% 下降到 1998 年的 37.4%，与亚洲其他国家相比，越南的贫富差距

相对较小。其经验有以下几点：（1）农产品贸易自由化。越南自 20 世纪 80 年代开始加入东盟自由贸易协定，随后加入亚太经济合作组织。随着越南积极融入世界贸易体系，它的农产品，特别像稻米等，走向了世界，提高了农产品的价格，增加了农民的收入。另外，国内放松了对进口化肥的管制，农民能够用更优惠的价格购买化肥，减少了农作物的成本。因此，农民从土地上可以获得较高的利润，生产积极性大大提高，减少了农村贫困人口。（2）瞄准最贫困人口的减贫计划。越南政府制定了惠及最贫困人口的政策，以针对性地维护最贫困人口的利益。主要包括特殊国民计划（HEPR）、公共投资计划（PIP）、针对社区级投资的 135 计划和少数民族特殊计划等。这些计划有利于直接为贫困人口提供帮助，具有很强的针对性。（3）鼓励私营经济的发展，增加就业。2000 年，越南政府简化了企业登记手续和发放许可证程序，促进了私营公司的快速增长。私营经济主要分布在工业和服务业，而工业和服务业属于劳动密集型产业，创造了一大批就业岗位，为那些因失业而造成贫困的人群提供了收入的来源，降低了贫困发生的概率。（4）大力投资教育，提高人力资本。越南的一部分穷人通过《土地法》得到了土地，形成了稳定的收入来源，农村贫困群体有所减少。对于那些既没有土地，又不具有熟练工作技巧的人群，他们也是贫困的多发人群。因此，越南政府加大对非熟练劳动力的培训，政府直接出资，加强对贫困人口的教育。

20 世纪 90 年代，孟加拉国制定了一系列的宏观经济政策、农业政策和农村要素市场政策，引导贫困人口参与到经济生活中，对穷人实施有利的政策干预，取得了较好的减贫效果。这些政策包括：（1）稳定、开放的宏观经济政策和降低贫困的财政支出政策。20 世纪 90 年代，孟加拉国的稳定性宏观经济政策使通货膨胀和经常账户赤字维持在较低水平，汇率也维持在了比较稳定的水平。同时，孟加拉国实现了贸易的自由化和外汇体制的自由化，增加了出口贸易额。出口的增加刺激了国内生产的发展，拉动了就业，提高了居民收入。孟加拉国的公共财政集中用于减少贫困的部门和领域，有效地减少了贫困。在农业基础设施方面，孟加拉国对农村的道路、桥梁进行了集中建设，不仅拉动了农业的增长，也提供了就业机会。在基础教育方面，孟加拉国与非政府机构保持着良好的关系，对贫困家庭和女童教育提供补贴，持续增加教育预算投入等政策推动了教育的发展，提高了人力资本。（2）保障农业发展。孟加拉国在宏观经济层面制定了一系列政策，提高了农民应对自然灾害的能力，如增加洪水多发地区干燥粮食的生产。在农业技术方面，改善灌溉技术，开发农作物高产技术，提高农产品多样化，增加了农民的收入。（3）制衣业的发展。制衣业是孟加拉国的主导产业之一。制衣业属于劳动密集型产业，集中了大量的贫困人口。制衣业的发展不仅可以吸纳更多的贫困人口就业，也可以提高贫困劳动者的收入，为他们的生活提供更多的物质保障。

印度尼西亚在20世纪60～90年代制定和实施了一系列益贫式增长策略。这些政策主要有：（1）加大对农村的投入力度。印度尼西亚60%的贫困人口生活在农村。苏哈托政权大力推广现代农业技术，推广高产且利润较大的高产农作物新品种，如水稻、咖啡等。对于化肥和农药提供价格补贴。由于农业受自然条件影响较大，农产品的价格受供求影响也较大，政府对农产品实施价格保护以稳定农产品价格，农民收入不断提高。1990年，印度尼西亚政府规定，农业贷款要占全国贷款总额的20%，政府为农民提供低息贷款，为农民的发展提供了资本的支持。除此之外，印度尼西亚政府大力投资农业基础设施，增加了就业机会。综合来看，这些政策为农民提供了各项政策优惠，使得农村中的贫困群体从中获取了更多的利润，实现了向益贫式经济增长模式的转变。（2）非贸易商品和服务的生产繁荣。印度尼西亚20世纪80年代的经济结构调整造成了非熟练工人的失业和收入低下，但由于农业经济的发展和劳动密集型出口的增长，为低收入群体提供了就业机会，降低了贫困率。这一时期，农业、制造业和非贸易部门的繁荣发展是印度尼西亚典型的益贫式增长时期。（3）经济自由化改革。20世纪80年代初，印度尼西亚实施了税制、贸易、投资等方面的经济自由化改革。经济自由化改革改变了印度尼西亚的经济增长模式，外资大量流入国内（得益于生产分工的全球化，发达国家将产业转移到劳动力丰富且成本低廉的发展中国家）。外资的流入促进了印度尼西亚出口导向型加工制造业的发展。制造业属于劳动密集型产业，因此，创造了更多的就业机会。经济的持续增长也有利于政府将资金投入到社会服务和社会保障领域，从而消除贫困，提高人民的生活水平。（4）发展基础教育。不同于越南发展初等和高等教育的政策，印度尼西亚更加注重对基础教育的投资。在实施的一系列社会政策中，初等教育对减贫具有显著的作用。目前，印度尼西亚的初等教育基本普及，1987年农村的小学入学率就达到了91%。农村基础教育的普及，增加了穷人的人力资本，极大地减少了由于缺乏基础教育而导致的贫困。

第三节　益贫式经济增长模式对我国未来发展的启示

通过对以上国家和地区的分析和学习，本书总结出了未来中国益贫式经济增长的一些有益的探索。虽然一些学者认为中国益贫式经济增长模式是行不通的，但是，许多国家的成功经验说明了至少可以尝试一下这样的经济模式，减缓中国日益扩大的贫富差距，从而维护社会的和谐与稳定。

（一）构建宏观经济框架和国家减贫政策之间的"单向"一致性策略

益贫式增长模式要求经济政策的选择并不是为了最大化经济增长，平等也并不是实现增长的有力工具。尽管快速增长可以产生实现益贫式增长所必需的资源，但同时也有可能产生贫困和不平等，这就意味着当增长过程既满足斯密贫困也符合马克思贫困时，增长对贫困的影响被扩大至极限。因此，减少贫困不应是个事后想法，也不应是一个通过辅助的社会政策就可直接解决的辅助目标，而应是经济体制的中心目标。在益贫式战略框架下，高增长、低通胀、高投资、低公共债务，以及其他标志经济"成功"的传统参数不再是政府最重要的政策目标，而是全部作为消除大规模贫困，以及获得安全、持续、平等发展的有力工具①。

（二）促进宏观经济的稳定性

Lopez（2004）以通胀水平来度量宏观经济的稳定性，并指出，较低的通胀水平与基尼系数显著负相关，同时与增长显著正相关。这说明，促进经济的平稳较快增长，维护宏观经济的稳定性，在一定程度上有利于降低收入分配的不平等，缩小收入差距，并最终促进经济的益贫式发展。因此，中国应该制定一系列的财政政策和货币政策，充分运用市场和政府机制来促进宏观经济的稳定性。

（三）初次分配和再分配要兼顾公平和效率，促进经济发展

中国政府应该制定完善合理的收入分配政策，确保收入分配的公平和

---

①　韩秀兰. 发展中国家未来经济的新模式——益贫式增长［J］. 财经分析，2012（10）：41 - 44.

效率。一方面，收入分配政策要有利于激发劳动者的积极性、主动性和创造性，激励他们努力工作，为创造经济的增长做贡献；另一方面，收入分配政策要考虑到社会的公平正义，减少收入分配的两极分化，努力提高低收入家庭的收入，保障他们的基本生活条件，以维护社会稳定、促进社会和谐。这样的收入分配政策，既可以促进经济发展，又可以降低贫困，有利于中国益贫式经济增长模式的形成。初次分配后，对于那些收入水平低的贫困人群，政府应该提供必要的社会服务和社会保障，如最低生活保障制度、失业保险、失业再就业培训等。通过这些措施，居民的基本生活等到了保障，减少了贫困的发生。

（四）充分发挥政府和企业在经济生活中的作用

中国可以学习瑞典的模式，发挥政府在再分配中的作用，降低绝对贫困人口在总人口中的比例。一方面，通过提高全社会的税收，为低收入者和贫困家庭提供保障，虽然这在一定程度上挫伤了高收入者的积极性；另一方面，强有力的政府为全社会构建了一张"强有力的大网"，为人民免去了后顾之忧，有利于公民独立发展，充分发挥创造性，进行创新创业。企业作为市场经济活动的参与者，在获得利润的同时，也应该承担相应的社会责任。日本的企业讲求社会责任，企业和员工之间讲求和谐长久发展，企业像父母一样照顾员工，而员工反过来也全心全意为企业服务，忠诚度极高。这样的模式不仅有利于企业的发展繁荣，也有利于保障员工的收入水平和基本生活，最终减少失业者和贫困人口。

（五）完善劳动力市场和工会组织，鼓励贫困家庭参与到经济增长中去

就业是民生之本。较多的失业人口常常伴随着经济的停滞和萧条，大量的失业人口如果长期不能就业，那么他们的劳动力就无法转让，并无法维护自己的最低生活水平。久而久之，就会造成更多的贫困人口。贫困人口的增多也会使居民的购买力下降，直接导致生产相对过剩，降低国内生产总值，阻碍经济的繁荣发展。完善的劳动力市场有利于更多的贫困人口自食其力，参与到经济生活中去。这样一方面可以减少政府的财政负担，另一方面又有利于创造更多的社会财富，促进经济增长。对于劳动力市场中的女性和缺乏劳动技能的弱势群体，他们更容易遭受雇主的不平等对待，得到较低的劳动报酬。工资的下降，甚至失业，直接导致了贫困人口的产生。完善的劳动力市场和工会组织可以有效地避免此类问题的产生，

减少贫困人数。

（六）促进大农业和集约型农业的发展，稳定农产品收购价格

中国自古以来就是农业大国，农业从业人数庞大。新中国成立以来，国家为了促进工业化建设，将农业产品输送给了工业，造成了农民的绝对贫困。相比于第二、第三产业，农业具有附加值低、劳动密集型的特点。长期以来，农业占 GDP 的比重过大制约了中国经济的转型和升级。通过发展现代农业，提高农业的机械化和自动化，有利于减少人工投入，从而将劳动力从土地上解放出来，从事具有更高收入的第二、第三产业。另外，通过深加工和农业产业链的发展，有利于提高农产品的附加值，促进农民收入水平的提高，减少农村贫困人口。集约型农业的发展也有利于减少资源的浪费，如水资源，为经济的增长提供更多的保障，并最终促进经济的增长和贫困人口的减少。

（七）完善基础教育和职业技能培训，提高劳动者就业技能

Knight 和 Sabot（1983）指出，教育的"结构效应"（composition effect）和"工资压缩效应"（wage compression effect）会对收入不平等产生复杂影响。一方面，教育扩展使高学历群体的规模相对扩大，这种结构效应起初会扩大收入的不平等程度，但后来将降低收入的不平等程度；另一方面，由高学历劳动力供给的相对增加而产生的"工资压缩效应"会减少教育的未来收益，从而降低收入的不平等程度。由此可见，教育的扩展对收入不平等的影响在理论上是不确定的[①]。但是，基于中国特有的国情，由于受教育程度相对于发达国家来说处于较低水平，随着中国高学历群体规模的扩大，虽然会导致收入不平等的扩大，但是随着人们受教育程度的普遍提高，"工资压缩效应"增强，最终将降低收入的不平等程度，全民族的文化素质也得到了提高，为中国以后的经济发展提供源源不断的高素质劳动力，促进中国经济的长期增长。

---

① 周华. 益贫式增长的定义、度量与策略研究——文献回顾［J］. 管理世界，2008（4）：160 – 166.

第十一章

对于包容性经济增长模式的再思考

中国的经济增长已成为全世界关注的焦点，改革开放三十多年以来，"中国奇迹"令人瞩目，经济增速高歌猛进，人民平均生活水平得到飞跃性的质变。但是在经济增长的过程中出现的问题不容忽视，其中最大的问题是收入分配不公。过去几十年的中高速经济增长并未有效地普惠大众，并不是所有的人都能受益，部分群体受益多，部分群体受益少，特别是贫困群体受益更少。

第一节　中国经济增长的特点分析

在不同的发展时期，不同的历史阶段，需要在各种约束条件下采取最优化策略。但并非所有的策略都尽善尽美，难免有失误之时。

新中国成立初期，国内经济萧条、通货膨胀严重、失业率居高不下，急需大力发展生产，恢复经济。中国作为后发的、资本极度稀缺的国家，需要建设城市工业化，推进国家工业化进程，"集中力量搞建设"。而工业化不仅是一个不断追加资本和技术投入的经济过程，更是一个首先需要完成资本原始积累的剥夺过程。[①] 在此过程中，农民成了发展过程中的垫脚石，为非农业提供充裕的廉价劳动力，为工厂厂房提供土地资源。新中国成立后，农民群体为国家建设积累资金至少达 17.3 万亿元。[②]

20 世纪 50 ~ 60 年代，中国转向内向型经济，不断推进工业化的积累

---

① 温铁军. 八次危机. 11.
② 孔祥智，何安华. 新中国成立 60 年来农民对国家建设的贡献分析，2009.

与发展，以经济建设为中心，发展生产力。20世纪80年代是中国改革的发端期，进行了多项重大经济体制改革，是我国多种经济成分、多种经济形式，特别是合资企业、集体经济、私营个体经济发展最快的时期，也是新中国成立以来国家经济实力增长最快、人民得到实惠最多的时期。其中，农村改革让广大劳动者得到实惠，五个中央一号文件从实质上使土地、劳动力、资金等要素有效回归到农村，推动国民经济在1982年复苏。农村中小企业的发展带动城镇化使得农民大幅增收，同时，城乡居民收入差距缩小，农村消费水平大幅增加。"首先是农村改革带来许多新的变化，农作物大幅度增产，农民收入大幅度增加，乡镇企业异军突起。农产品的增加，农村市场的扩大，农村剩余劳动力的转移，又强有力地推动了工业的发展。"① 此时，中国呈现"内需拉动型的黄金增长"，金融支持实体经济发展，实业振兴。

表11-1　　　　　　中国历年国内生产总值变化情况

（1950～2013年）　　　　　　　　　单位：%

年份	1950	1951	1952	1953	1954	1955	1956	1957	1958	1959
增长率	23.4	19	18.3	30.3	9.4	5.6	16.5	6.0	32.2	19.5
年份	1960	1961	1962	1963	1964	1965	1966	1967	1968	1969
增长率	5.4	-31.0	-10.1	9.5	17.6	20.4	17.3	-9.6	-4.2	23.8
年份	1970	1971	1972	1973	1974	1975	1976	1977	1978	1979
增长率	25.7	12.2	4.5	9.2	1.4	11.9	1.7	10.7	11.7	7.6
年份	1980	1981	1982	1983	1984	1985	1986	1987	1988	1989
增长率	7.8	5.2	9.1	10.9	15.2	13.5	8.8	11.6	11.3	4.1
年份	1990	1991	1992	1993	1994	1995	1996	1997	1998	1999
增长率	3.84	9.18	14.24	13.96	13.08	10.92	10.01	9.30	7.83	7.62
年份	2000	2001	2002	2003	2004	2005	2006	2007	2008	2009
增长率	8.43	8.30	9.08	10.03	10.09	11.31	12.68	14.16	9.63	9.21
年份	2010	2011	2012	2013	2014	2015	2016	2017	2018	2019
增长率	10.45	9.30	7.65	7.7						

20世纪90年代初，中国经济陷入恶性通货膨胀和低生产的滞胀危机。经济增速由1988年的11.3%降至1989年的4.1%，1990年的3.84%，如

① 《邓选》.（三）：376.

表 11-1 所示。整个国民经济由此前的内需拉动转为外向型经济。国家大力发展沿海经济，减少对地方政府和党组织、教育和医疗等公共品的投入，农民人均收入增速放缓，大量农村劳动力入城寻找工作，演化为 90 年代初的"民工潮"现象。20 世纪 90 年代是结构调整的十年。国企改革，职工大规模下岗，政府退出公共事业领域，私有化蔓延，市场启动，金融资本异化实体产业，进入股市、房地产市场，地区治理劣化，山区林业环境毁灭性恶化。人民收入差距拉大，开始出现生产过剩，外贸依存度高涨。1997 年中国遭遇东亚金融危机，出口受挫，重创中国经济。

在这两个十年间，出现的命令经济和市场经济双轨并存的状态滋生了大量"寻租"行为。市场发展，货币作用加强，财富的范围不再受实物的限制而使某些人的致富欲望增强，问题的关键在于是否存在使这种贪欲得以实现的制度条件——权力对经济活动的干预造成的"寻租"可能性。[①]但是政治改革牵一发动全身，没有能够推行下去，由于丧失大步推进改革的时机，只能经济改革先行。虽然在 20 世纪末初步建立了市场经济体制的框架，但是与市场经济相配套的——法治体系、规范的金融市场等并没有建立起来。在人治的环境下，缺乏权力监督和制度保证，官员的权利来自上级而非民众，官员之间的制衡恰恰是"你腐败，我放心"，彼此心照不宣，形成官官相卫和政治制约的"投名状"。而商人，如果按照完全合法的原则做生意将很难发展，因为经济资源掌握在政府官员手里。房地产、能源型产业的经营者要获取这些资源往往参与权力"寻租"。中国没有形成公平共享的经济资源环境，也没有形成民众可以正常经营的政策环境。因此，权贵资本壮大，官商联盟，政企合谋。

21 世纪在全球化背景下，中国出口继续增长，国内投资升温。地方政府大量进行市政建设和工业建设。2003~2008 年全国固定资产投资年平均增长 25% 以上，其中尤以房地产投资为甚。2003~2007 年中国 GDP 增速高达两位数。2007 年爆发的美国次贷危引发了金融危机，中国的经济增速转为中高速，此后一直下行。随着经济逐渐向服务业转型和人口结构的变化，中国的经济新常态面临前所未有的挑战与机遇。"中国未来的改革之路将与过去采取的措施有很大不同，将需要坚持不懈和充分的耐心，因为结果可能不会像成本和负担那样立即显现出来，而是要在阵痛和代价之

---

① 吴敬琏. 当代中国经济改革教程 [M]. 上海；上海远东出版社，2010：62.

后，方能取得效果。"① 中国经济要变得更加可持续，更加有效，必须做出改变使增长更具包容性、可持续性。

第二节 经济增长的变迁及包容性增长理念的形成

包容性增长（inclusive growth）理念的形成，很重要的背景是国家与国家间发展的不平衡，以及国家内部的发展不平衡。中国加入 WTO 以后经济发展很快，但随之出现了一系列失衡问题，如收入差距拉大、两极分化、资源和环境压力巨大，社会各界意识到有必要检讨经济增长的模式和战略，针对贫困问题采取特定有效的措施，而不是坐视或期望经济增长本身能自动实现贫困减除。（陈柳钦，2010）

世界银行最早于 1990 年提出"广泛基础的增长"（broad-based growth），其后进一步提出"益贫性增长"的理念。1966 年，亚洲开发银行提出，要对地区的和谐增长做出贡献。亚洲开发银行一直致力于贫困减除战略，即消除贫困。从这个角度考虑并进行研究，亚洲开发银行于 2004 年在促进贫困减除战略中，提出"包容性社会发展"一词。世界银行在"益贫性增长"的基础上，提出了"包容性增长"的理念，并集中体现在《世界发展报告 2006：公平与发展》上，该报告系统阐述了公平与发展的关系问题，提出"所谓公平就是指在追求自己所选择的生活方面，每个人应享有均等的机会，而且最终不应以出现极端贫困为目标。公平竞争的制度和政策有利于促进可持续增长和发展，所以增加公平是一个很重要的问题"。2007 年 3 月，林毅夫等组成的研究小组提交的《新亚洲开发银行论》（*Toward a New Asian Development Bank in a New Asia*）报告，指出亚洲开发银行需要关注的一个新问题，即要从应对严重的贫困挑战转变成支持更高和更为包容性的增长。2007 年 10 月，在"新亚太地区的包容性增长与贫困减除"国际研讨会上达成共识：增长必须具备包容性、可持续性，而且增长要为更多的民众所认同。林毅夫等（2008）在《以共享式增长促进社会和谐》中分析中国经济过去 30 年增长的特点，收入差距扩大的原因和所带来的问题及挑战，探讨通过实现共享式增长构建和谐社会的政

---

① 英卓华. 世界银行常务副行长. 中国发展高层论坛 2015 年会，"新常态下中国的发展与改革".

策选择。2008 年 5 月，世界银行增长与发展委员会发表《增长报告：持续增长与包容性发展战略》，进一步明确提出要维持长期"包容性增长"，确保增长效益为大众所共享。

2009 年 11 月 15 日在亚太经济合作组织会议上，胡锦涛同志提出并强调"统筹兼顾，倡导包容性增长"；2010 年 9 月 16 日，他在第五届亚太经合组织人力资源开发部长级会议开幕式上发表了题为《深化交流合作实现包容性增长》的致辞，"实现包容性增长，根本目的是让经济全球化和经济发展成果惠及所有国家和地区，惠及所有人群，在可持续发展中实现经济社会协调发展"。这两次讲话，表明中国对此概念的接受与认可。

2014 年 7 月 29 日，习近平总书记在中央政治局会议上强调，"发展必须是遵循经济规律的科学发展，必须是遵循自然规律的可持续发展，必须是遵循社会规律的包容性发展。"

2015 年 11 月 3 日，十八届五中全会发布《中共中央关于制定国民经济和社会发展第十三个五年规划的建议》（以下简称《建议》），定调"经济保持中高速增长"，在"2020 年要实现国内生产总值和城乡居民人均收入比 2010 年翻一番"之前增加了"在提高发展平衡性、包容性、可持续性的基础上"的限定语，这里面的"包容性"替代了三年前的"协调性"。

美国麻省理工学院的德隆·阿西莫格鲁（Daron Acemoglu）教授和哈佛大学的詹姆斯·A. 罗宾森（James·A. Robinson）教授在 2012 年共同出版的《国家为什么会失败》（*Why Nations Fail：Origins of Power，Poverty and Prosperity*）里通过对微小差别、制度漂移、偶然事件、政治失势者、创造性破坏、良性循环、恶性循环、寡头铁律等概念进行的分析，指出导致有些国家建立包容性制度，而有些国家建立汲取性制度的原因。他们认为包容性制度是实现长期经济增长的关键；汲取性制度虽然能够在一定时期内实现经济增长，但是不能够持续。有的地区建成了包容性制度，而有的地区建成的则是汲取性制度，结果就造成了不同地区之间经济增长和经济发展水平的差异，造成了世界性的不平等。历史上，许多国家通过革命建立起了包容性政治制度和包容性经济制度，现在大多数发达的民主国家采取的就是包容性政治制度和和包容性经济制度，如美国、英国、法国、日本、韩国、澳大利亚等。

包容性政治制度，强调广大群众具有政治权利，能够参与政治活动，选举领导人或当权者，选举政策制定者，当权者是人民或者选民的代理人而不是统治者，任何人都有成为领导人、当权者或政策制定者的机会或可能性；包容性经济制度，强调自由进入和竞争，任何人都没有通过垄断、专卖或者市场控制获得超额利润的机会，人们都可以获得生产性收益的绝大部分或者全部，人们具有很高的生产性激励。[①]

阿西莫格鲁和罗宾森认为，无论是包容性制度还是汲取性制度，都能够产生经济增长，在汲取性制度下，当局或者统治者能够利用权力在短时间内实现资源的最优配置，实现最大限度的经济增长，两者的关键在于经济增长能否持续，能否实现长期经济增长。包容性制度是实现长期经济增长的条件。一个国家或地区要实现长期经济增长，需要包容性政治制度和包容性经济制度并存。

第三节　包容性经济增长的政策内涵

一些学者认为，"包容性增长"意味着在保证经济增长、经济发展的同时，还要获得社会的发展和人的发展，"人人参与、人人尽力、人人享有"。学界普遍认为，经济增长并不能保证所有人都能平等地从经济增长中获益。包容性增长的核心是机会平等的增长，最终目标是实现经济社会发展成果的全民共享。[②]

蔡荣鑫（2009）认为，"包容性增长"理念的形成，与20世纪末期发展起来的权利贫困理论，以及关于社会排斥方面的研究密切相关，"包容性"反映了对公民权利的强调和对社会排斥问题的重视，强调贫困人口不应因其个人背景的差异而受到歧视，不应被排除在经济增长进程之外。李仁质（2001）、朱春奎（2012）等认为，包容性增长与科学发展观有内在的契合性、一致性。科学发展观的第一要义是发展，核心是"以人为本"。二者具有异曲同工之处，目的都是为了实现经济社会的可持续发展。因此，"包容性增长"虽然是经济概念，但与近年来树立科学发展观、构建和谐社会实际上是一脉相承的，是一种发展模式认识上的精炼和升华。赵海均（2010）认为，"包容性增长"具有三大立足点，首先立足的是平衡发展观的思想认识，缩小贫富、区域和城乡等一系列现实差距，其次立足的是公平发展观的思想认识，消除制度性歧视，弥补制度缺失，最后立

---

①　Daron Acemoglu, James A. Robinson. Why Nations Fail：Origins of Power, Poverty and Prosperity, 2012.

②　葛笑如. 农民工公民资格研究［M］. 广州：中山大学出版社，2013.

足的是全面发展观的思想认识，重视其他领域的发展。汝绪华（2011）提出"包容性增长寻求的是社会和经济协调发展、可持续发展"，包括三个维度——机会平等，成果共享与可持续发展。"包容性增长"强调两个方面，即"参与"和"共享"。陈柳钦（2010）认为，"包容性增长"的本质是发展权的公平与平等。文雁兵（2015）将"包容性增长"进一步拓展为四个命题：斯密"富国命题"（强调经济的持续增长），李嘉图"裕民命题"（强调广泛的成果共享），森"能力命题"（强调个体的自生能力）和韦伯"社会分层命题"（强调社会的自由流动）。中国发展研究基金会副秘书长汤敏（2010）指出，在"包容性增长"的各种各样的定义中，最核心的含义是经济增长让低收入群体受益，并提高他们的消费水平。

伊夫扎尔·阿里（Ifzal Ali，2007）指出，"包容性增长"以过程为导向，强调事前政策的制定，关注理解并讨论、解释造成不平等后果的原因，解决在创造机会中存在的经济、社会和政治方面的限制，同时保证人人都能享有均等地获得机会的权利。当一种增长允许社会所有成员都能参与其中并有所贡献，而且增长的过程是以公平为基础，而不考虑个人环境的不同时，这种增长就是具有包容性的（Ali and Zhuang，2007）。"包容性增长是一种不仅能创造新的经济机会而且还能够保证社会所有阶层，包括处于劣势的人群和被边缘化的人群均等地获得机会的模式。"[1]

林毅夫提出，"一个经济体的收入分配状况与其经济发展战略有内在的联系。收入分配公平程度的提高过程，本质上就是经济地位低下的群体提高其在全社会相对经济地位的过程。要提高他们的经济地位，唯一可持续的途径是，给予他们所拥有的劳动能力以最大、最充分的就业机会，和按供求决定的合理价格。"改变增长方式，按照比较优势发展经济，同时实现经济增长和公平的目标。（林毅夫，2005）

综上所述，尽管学界对"包容性增长"内涵的理解各有侧重，但都认同：机会均等是实现"包容性增长"的前提；成果共享是"包容性增长"的核心要义；"包容性增长"兼顾公平和效率，倡导在保持增长的同时兼顾其他方面，追求人的全面发展，人与自然的和谐发展；增进福利，普惠民生。"包容性增长"的内涵主要体现在以下几方面：

---

[1]　Ifzal Ali, Inequality and the Imperative for Inclusive Growth in Asia. Asian Development Review, 2007, 24 (2).

一、经济增长与收入分配

"包容性增长"既强调经济增速的绝对增长，又关注经济成果惠及全体人民，不再单纯、盲目地追求 GDP 的增长，而是经济增长、社会进步、人民生活水平不断改善，最终实现共同富裕的普惠性增长。经济的平稳增长有利于创造更多的就业机会，提高居民平均收入，增长主义发展模式是导致初次分配失衡的根本原因，"包容性增长"强调实现增长的同时通过税收和转移支付等二次分配手段改善收入分配，降低基尼系数，强调经济增长的方式，使增长成为基础广泛且能包容一个国家和地区绝大多数人口的增长。这需要修改完善中国的税收制度，尤其是财产税；构建城乡统一的社保制度，废除社会保障体系的双轨制。如果收入差距扩大的趋势得不到遏制，即使经济增长很快，也会影响社会和谐。

中国改革开放以来的非均衡发展战略拉大了城乡与地区间的收入差距。初次分配是指创造国民收入的物质生产部门内部的分配，形成国家、集体（企业）和劳动者个人的原始收入；依据效率原则，即根据各生产要素在生产中发挥的效率及带来的总收益多少进行分配，高效率获得高回报。二次分配是指在初次分配结果的基础上，国家政府通过税收和转移支付等政策措施对集中在手中的财富进行再次调节。三次分配是指富人通过慈善或公益事业对穷人的特定财富转移，有助于解决市场失灵和政府失灵。

在改革开放初期，为实现经济的快速发展，政府相继实施了一系列的非均衡发展战略。主要包括地区非均衡发展战略（东部沿海地区优先发展），城乡非均衡发展战略（城乡分割的行政管理制度、城市偏向型的财政、金融、教育、转移支付和社会保障政策）和产业非均衡发展战略（农业支持工业，形成工农业产品剪刀差）。在当时的历史条件下，打破"平均主义"，允许一部分人和一部分地区先富起来，实施"效率优先、兼顾公平"的非均衡发展战略是必要的。但是，所谓的"先富"并没有带动"后富"，工业并没有"反哺"农业，这样倾斜发展的结果必然是居民收入差距的不断扩大，区域发展的不平衡，以及农村衰败导致的"三农问题"频发。

在收入差距不断扩大、贫富两极分化、社会阶层固化的大背景下，中国的发展战略和模式应当及时转变。制度变革和制度创新过程中的经济转型发展，需要一个比关注经济增长的"发展型政府"更为关注社会福利问题的"包容型政府"。① 由此，针对经济社会问题所制定的政策也具有"包容性"。政府该是站在广大人民群众的立场上，为人民服务，而不是为权贵阶层服务，也不是为利益集团服务。最好的减除贫困的政策，应该涉及对主导群体的影响力、特权和补贴进行再分配。为了解决这个问题，即对强势的支持社会制订政策和执行政策的群体，对其影响力、特权和补贴进行限制，进行再分配。

中国贫富差距拉大的根源在于体制和政策性原因，在汲取性制度下，虽然高速增长也可能实现，但是不能够持续增长或者说不能够实现长期稳定增长。在汲取性制度下，政府能够利用权力在短时间内实现资源的调度与最优配置，实现最大限度的经济增长。但是劳动者却得不到和付出对等的回报，勤劳不能致富；相反，掌握大量资源的其他群体却能不劳而获，长此以往，广大劳动者积极性降低，且滋生不满情绪，不利于社会稳定发展。而包容性的政治制度和包容性的经济制度能够克服汲取性制度下阻碍增长的条件或因素，并且能够为长期经济增长创造条件。在包容性的政策下，劳动者的主观能动性得到激励，有效遏制了"寻租"行为和既得利益集团的攫取，弱势群体得到保护，人民参与经济发展、分享经济发展成果方面的障碍得到消除，各阶层都可以从增长中获益。

二、权利赋予和机会均等

在包容性制度下，增长依靠全民实现，增长的收益归全民所享，全民都有机会参与到增长的实现中，人们平等、广泛地参与经济增长的过程。但是目前为止，城乡居民在接受基础教育、医疗卫生服务及其他公共社会服务方面，面临着机会不均等，由于等级地位、权势、财势、城乡分割制度、地理位置、性别，以及无能力等原因而遭受到各种社会排斥。"包容性增长"倡导增长既要让自己发展，也要容忍、允许别人发展，不能具有排斥性，"兼相爱，交相利"。"兼相爱"指不分亲疏、贵贱、贫富，一视同仁地爱所有的人；"交相利"主张人们互相帮助，共谋福利，实现共赢。

机会的公平是社会长期稳定的基础。"机会不平等是对人类天赋的一种浪费，是有害的。所以，它会加剧经济效率的低下，也会导致政治冲

---

① 文雁兵．制度性贫困催生的包容性增长：找寻一种减贫新思路．

突，而且使得一个社会制度还显现出了很大的脆弱性"。阿马蒂亚·森（2002）指出，权利剥夺、能力缺失是导致贫富差距拉大的真正原因，而这种权利的不对等和能力的缺失反过来又进一步使得"马太效应"加强，富的更富，穷的更穷。近年来，一些被过往经济高速增长掩盖的民生问题开始集中凸显，转型过程中市场机制、公共政策与法律法规的不完善，使得机会不平等已成为导致我国国民个人收入差异的重要原因之一。[①]

"包容性增长"在实际操作中倾向于通过增加就业机会为个人创造工作岗位，使其不断提高收入、改善生活，共享经济社会发展成果，而不是直接通过资金扶贫使个人被动地摆脱贫困。林毅夫在《以共享式增长促进社会和谐》中认为，共享式增长既通过经济增长创造就业，又强调发展机会的平等。[②] 而对个体来说，要实现就业机会的增加，积累人力资源，拥有"可行能力"是前提。人力资源开发对提高人们参与经济发展和改善自身生存发展条件，实现"包容性增长"，具有基础性的作用和意义。从政府层面来讲，应当制定一系列公正合理的法律体系和制度政策，确保民众人人都有参与竞争的权利，而不是任由权贵阶层、土豪劣绅垄断，一手遮天。同时，政府要增加公共服务领域的支出，构建统一标准的公共服务体系，尤其是教育、医疗体系。

致力于促进公平的政府和政策，一方面，能为整个经济的增长提供潜在的支持；另一方面，它还能为社会中较为贫困的群体和个人提供更多的机会，从而减少贫困。制度方面的障碍会导致"社会排斥"现象，占据社会主流地位、拥有绝对话语权的群体在政策法规、社会意识等不同层面的正式、非正式制度的环境中，对边缘化的贫弱阶层或群体产生排斥，从而产生"挤出效应"，将低收入群体排斥在经济增长之外，攫取绝大部分利益。

如果不注意机会平等这个问题，就会加剧经济效益的低下，导致政府冲突，使社会制度不堪一击。阿西莫格鲁和罗宾森（Acemoglu and Robinson，2012，2013）认为好的制度能为公民提供公平的竞争环境和安全的制度结构以保护产权，鼓励投资和激励创新；而坏的制度通过榨取多数人的资源，将财富集中于少数人群，尽管一定不利于整个社会的经济发展与繁荣，但坏的制度很可能成为一种均衡的制度安排，形成路径依赖，从而使整个社会经济越来越向负面发展，这是社会财富发生根本性逆转和贫困

---

① 陈柳钦．包容性增长：中国经济从量变向质变切换．

② 林毅夫．以共享式增长促进社会和谐［M］．北京：中国计划出版社，2010：34．

的根源。①

　　机会的被剥夺实质上是权力的被剥夺，在社会政策包容化的过程中，关注更多不同群体的权益，重视底层群体及弱势群体的赋权，赋权能使其平等地享有各种政治、经济和社会权利，以及各种社会资源。只有实现权利的均衡，为贫困人口创造最大化的经济机会，使其享有公平机会参与经济贡献，才有望实现包容性的增长。如果没有制度公平，就不可能将各种发展力量加以包容整合，因而就不可能实现效率改进，只有包容性的制度公平才有可能激活各种发展潜力，并造就经济增长和持续繁荣：公平是效率的动力源泉和发展引擎。无论是教育还是劳动力，无论是金融服务还是医疗服务，如果没有全体人民的全面公平参与，没有任何一个社会能够充分发挥潜能，应对 21 世纪的各种挑战，长期发展与繁荣需要有效、可靠、透明的公共部门机构来增强人民的信心。

三、以人为本，增进人民福祉

　　国家的根本在于民众。"以民为本"的思想诞生于春秋战国时期，《尚书·五子之歌》指出"民惟邦本，本固邦宁。"孟子指出"民为贵，社稷次之，君为轻"（《孟子·尽心下》）。"包容性增长"强调人本主义的增长，"以人为本"的经济增长以人的自由发展和福利改善为出发点，以人本主体的自由为核心，以生存自由、社会自由和精神自由为侧重点来设计发展的思路和实现路径，把经济增长的终极关怀建立在以人为本的基础之上，以提高人的能力为中心，围绕人的全面发展，实现经济可持续增长与人的可持续发展。

　　"包容性增长"包括经济、政治、文化、社会、生态等各个方面，经济增长应该是互相协调的，从对数量的追求转为对质量的追求。包容性意味着"国富"与"民富"相结合的价值导向，强调"民富"优先，促进居民收入水平的提高将成为宏观经济政策的价值目标，这一目标意味着更多的社会产品分配给居民而不是企业和政府；政府更多的财政支出用于社会福利体系建设而不是用于项目工程建设；使社会财富更多地为居民所有，居民的消费倾向和消费能力在经济增长中都能得到极大改善。关注人的生活质量、幸福指数，把发展的目的真正体现到满足人民需要和提高人

---

　　①　文雁兵. 制度性贫困催生的包容性增长：找寻一种减贫新思路.

民生活水平上，在经济增长中更多地强调民生。重视人的全面发展，健全公共服务，提高教育、医疗水平等与人的全面发展密切相关的问题；把提高人的生活福利、拓宽人的发展空间、维护人的发展权利作为包容性增长的终极关怀。①

第四节　中国经济增长模式的转型与政策指向

新时期、新阶段是对"中国经验"的重大考验。当今的中国早已不是"摸着石头过河"的阶段了，而是现已处于水中央、没有石头的生死存亡之秋。中国的发展已迈上新的台阶上，处于重大战略转型期，机遇和挑战并存。

长期来看，经济的发展取决于各种生产要素能否被有效使用，生产效率是否提高。应该清醒地看到，支持中国经济高速增长的要素优势、人口红利、外贸优势都在衰减，靠低成本获取国际市场的大规模出口正在收缩，以高额投资驱动的粗放型经济增长模式日渐式微。

改革开放以前，中国采取投资驱动的经济增长方式，但出现灾难性后果。改革开放之后，投资驱动依然占主导地位，不同的是，采取了对外开放政策，出口需求大大弥补了内需不足。这种大规模出口主要得益于中国国内要素价格的低廉，"中国制造"产品的低成本优势，才得以在国际市场上拥有绝对价格优势。以往为了刺激经济发展，地方政府负债高达数十万亿，再采用大规模负债的方式刺激经济显然不妥。

过去三十多年的资本积累是经济增长的重要驱动力，以往粗放型的增长模式，引发了一系列社会问题，伴随着社会矛盾的加剧，"马太效应"显著，收入分配愈发不公正。人心是一杆秤，如果经济成果不能共享，机会不均等，经济增长也是不长久，不可持续的。经济增长模式的转型面临着巨大挑战。

一个国家所采取的政治制度和经济制度决定了这个国家的经济绩效，进而决定了与其他国家在经济绩效上的差异。

西方国家在 18 世纪后期到 19 世纪后期的经济增长中也是采取投资

---

① 任保平．包容性增长的特征及其后改革时代中国的实践取向［J］．西北大学学报（哲学社会科学版），2011（2）．

驱动的方式，直到19世纪后期才实现从投资驱动到技术进步和效率提高驱动的经济增长方式。为保证中国经济的长期稳定发展，从根本上说，还是要由资源投入和出口需求驱动的增长方式转为技术进步和效率提高的集约型发展模式；同时，实行包容性制度与政策，让社会全体公民都能参与到经济建设中来，在经济增长的过程中做出贡献，实现机会的均等公正。

所有的历史遗留问题已经再无推诿的余地，治标最终还是要靠治本。

一个国家的强盛，仰仗于每个国民。一个国家的富强，在于国民的富强。全面消减贫困承载着国家的命运和希望。亚当·斯密的《国富论》的真正意义在于"藏富于民"，而后国家自然也就富了。国民富则国富，国民强则国强。基于三十多年的经济高速发展，中国目前尚有相当的经济存量，中国肯定能够在3~5年内完成对这些经济存量的合理转换，振兴经济。重建经济秩序的切入点在"民生经济"，简言之，就是将中国尚有的经济存量，及时地转移到民生经济领域。

诚然，发展才是硬道理。但是，如何发展，发展的目的，发展的方式等，这些问题都应该反思。现在，由于中国的传统增长模式已显疲态，发展创新能力变得格外重要。原来主要靠低附加值、劳动密集型制造业产品的出口来拉动经济增长，现由于因大量劳动力从农业转入工业带来的人口红利即将消失，这种模式难以为继。目前，国内投资是增长的主要引擎，而今后必须大大提高在产品和生产流程方面的自主创新，使之成为提高生产力的新动力。实现这一目标的主要途径将是本土高科技产业对本土知识产权进行商业化开发，利用自主创新成果对中低技术产业进行升级。随着国内市场变得更加精细，同时，在出口市场上的一些成本优势正在消失，中国的创新体系需要通过组织和流程创新，为中低技术产业的不断升级提供支持，而除了研发、信息通信技术、设计、品牌、教育和培训之外，还需要开展的一项基础创新是如何提高管理质量。

外在的刺激如果缺乏内在动力也是无济于事。人力资本在经济增长中起着重要作用，助力经济增长。劳动者的技能、知识、才干、干劲、进取心才是经济发展中最关键的东西。科技创新、技术进步、产业升级依靠的是人。

对于普通群体来说，连番的物价上涨，房价居高不下，医疗费用、社保金负担越来越重，经济总量高达全球第二位的中国，普通国民还处于教育、医疗、养老、住房等生存危机的重压之下。而农民工阶层——中国真正的工业产业大军，在中国制造业陷入经济严冬的今天，进城与返乡进退两难。数以亿计的农民工是许多城市的建设者，但却没有渠道分享城市建设和发展的成果。

"我们要的是包容性发展，必须改善农民工、城市困难群体的生活条件，努力提供均等化基本公共服务，营造平等竞争的市场环境，为他们的纵向流动提供公平机会，让他们生活有希望，奋斗有回报。"2015年1月6日李克强总理在广州了解外来务工人员生活情况、考察危旧房改造时说。

每一个政策出台，必然有受益者也有牺牲者；每一项改革，必然有得利者，也有改革的牺牲品。这就看政策导向，站在什么样的立场，为谁服务，为谁发声，为眼前考虑还是为长远考虑。McKinley（2010）从四个维度评价"包容性增长"：经济增长的可持续性、贫困和收入不平等、参与经济机会的公平性，以及获得基础社会保障。为实现包容性经济增长，未来我们应重点考虑以下几个方面：

（一）转变经济增长方式，依靠技术进步推动发展

虽然经济增长是否能惠及到所有群体往往取决于资源的初次分配、市场的完善程度、增长模式、技术的要素偏向以及政府政策等诸多因素，但一般说来，通过经济增长来解决贫困问题的最重要途径便是增加贫困人口的就业机会。在中国整体制造业转型的当下，新老产业更迭，结构调整势必导致失业现象的发展。因此，当务之急是实施更加积极的就业政策，解决结构性就业矛盾，提供技能培训，推行终身职业技能培训制度；统筹劳动力市场，打破城乡、地区、行业分割和身份、性别歧视，维护劳动者的平等就业权利；推行多元化高级技工培养模式，提高技术工人的薪资水平，维护职工的合法权益，提高劳动力素质；推动产学研结合，推进科研项目成果化，提高自主创新能力，提高科研人员的薪资水平，增加科研经费投入；建立健全科技体系机制，提高科学研究质量，培养优秀顶尖人才。最终实现经济增长方式的转变，使得技术进步和效率提高成为增长的驱动力。

（二）加强政策与制度的公平性，实行包容性制度

切实深化改革，消除体制性障碍，改善资源配置。要到达这一目的就必须要求政府采取一切能改善资源使用和配置效率的政策，使那些拥有低

技能又缺乏资本的群体被纳入到经济活动中去。

（三）加快实现基本公共服务均等化

包容性公共服务模式需要在社会经济"包容性增长"的基础上，提供普惠性的社会福利和平等的发展机会，并保障民众尤其是贫困人口和弱势群体的各种权利。为达到这一目的，需要对地方政府提供服务改善民生实行问责制。

推进城乡发展一体化，城乡之间共享增长成果。逐步建立城乡经济社会一体化的新格局，消除城乡市场分割、体制分割、产业分割，促进城乡教育、医疗、社保等基本公共服务均衡配置，在城乡之间建立共享增长成果机制。进一步推进财政体制、养老金和医疗保险、经济适用房和农村土地制度改革。这些改革都不容易，但改革的回报是巨大的：更多自由流动的城市劳动力，劳动生产率的提高，且能提振薄弱的消费需求。

第十二章

我国农民工精准扶贫策略探索

　　新中国成立 60 多年来，我国一直致力于扶贫减贫工作，并在减少绝对贫困方面取得了显著成就。但也必须看到，由于人口快速上升等原因，我国仍存在着一定数量的相对贫困人口，尤其是随着农村转移人口进城务工，农村的相对贫困人口进入城市，脱离了农村扶贫减贫视野，并由显性特征表现为隐性特征。在城镇化背景下，农民工的贫困表现为多维性，需要我们在科学分析论证基础上，充分认识建筑业农民工的贫困现状及贫困成因，制定针对农民工的反贫困政策，并实施相应的干预政策，早日改善农民工的多维贫困状况。

第一节　近年来我国农民工的减贫政策导向的变化

（一）近年来我国减贫政策开始向农民工倾斜

　　近年来，随着城镇化步伐的加快，有关决策部门对农民工贫困问题给予了高度重视。国务院 2006 年 3 月 27 日印发的《国务院关于解决农民工问题的若干意见》；建设部、发展改革委、财政部、劳动保障部和国土资源部 2007 年 12 月 5 日联合印发的《关于改善农民工居住条件的指导意见》；国务院国资委 2010 年 12 月 31 日印发的《关于中央企业做好农民工工作的指导意见》；国务院 2013 年 6 月 14 日印发的《国务院办公厅关于成立国务院农民工工作领导小组的通知》；国务院 2014 年 9 月 12 日印发的《国务院关于进一步做好为农民工服务工作的意见》等，这些政策主要强调：（1）把改善农民工居住条件等作为解决城市低收入家庭住房困难工作的一项重要内容；（2）抓紧解决农民工的工资偏低和工资拖欠问题；（3）搞好农民工就业服务和培训，解决农民工的社会保障问题；（4）促进农民工就地、就近转移就业、创业；（5）推动农民工市民化，逐步实现农民工平等享受城镇基本公共服务和在城镇落户。这些政策表明，农民工作为国家产业工人的主体，与国家的现代化建设、新型城镇化道路即"人"的城镇化发展息息相关，受到党中央和国务院的高度关注。

（二）时代背景要求对农民工贫困的新特征给予重视

随着我国城镇化的推进，城市较好的用工机会和劳动报酬吸引着农村劳动力离开土地到城市寻求工作机会。这些群体脱离了农村落后的经济视野，却在身份转换的过程中，表现出贫困的脆弱性，即相对贫困和社会排斥取代绝对贫困成为贫困的主要方面；收入之外的其他维度的贫困表现突出；以农村为主的贫困逐步转化为城乡贫困共存状态；城市生存发展成本的提升侵蚀了打工收入预期；在农民工由农村人向城市人转化的过程中，产生了物质之外的社会需求，以及能力方面的需求（如技能培训）。对此，国家将对农民工劳动力的脆弱性与新的需求给予高度重视，建立相应的贫困干预机制。在此背景下，运用多维贫困理论和方法对农民工贫困问题进行深入探索研究，无疑具有重要的时代意义。

（三）现有经济增长方式与农民工贫困具有多重关联

理论上讲，随着一国经济由低收入国进入中等收入国，普遍出现的现象是收入差距的扩大，贫困人口难以在经济增长中受益，最终结果是随着差距的不断扩大，相对贫困问题和社会矛盾突出。贫困人口的消费弹性大于富裕人群，若贫困人口的收入得不到有效改善，则整个国家的内需就难以扩大，致使拉动经济持续增长的内在动力不足，进而陷入"中等收入陷阱"，我国目前正面临着这样一个困境。进入 21 世纪后，我国农民工面临着经济快速增长和城镇化步伐加快的巨变，其生存状态的脆弱性决定了其选择的被动性，社会阶层的趋向固化，使农民工自身摆脱贫困的能力极低。在深层意义上，农民工是特定历史时段我国劳动力的使用与再生产之间关系的扭曲形式，即体现为两者在空间和社会意义上的割裂和拆分过程（孟庆峰，2011）。因此，相对公平的、有利于贫困人口的经济增长方式，对于农民工摆脱贫困来说，显然是具有迫切性和重要性的。

（四）传统减贫策略不适用于难以"市民化"的农民工

我国的传统减贫策略将收入和消费水平作为识别贫困主体和测量贫困程度的标准，这在农民工市民化进程缓慢的背景下呈现出其滞后性和狭隘性。城市的不断扩张吞噬掉了一部分农民的土地，土地私有制言论尘嚣甚上，这一制度主张土地私有化，农民可以自由买卖土地，将大量耕地转移到种田能手手中，卖地农民转移进城务工或者就业，实现"市民化"，从而加快城镇化进程。且不论土地私有化在我国现行发展阶段能否实行，仅从"农民失地"一点上来说，失去了生存保障的农民在尚未建立起城乡一体的社会保障机制的前提下进城务工，贫困几乎是必然的。在农民保有土地的前提下，进城务工的收入对农民家庭来说可以作为额外的经济来源补贴家用，但如果农民失地、退无可退而将打工作为唯一收入来源，传统的减贫策略将很难真实地反映农民工的贫困程度，用单一的收入和消费水平对贫困进行识别将大大低估农民工的贫困程度，多维视角的引入势在必行。

第二节　全面消除农民工生存与发展障碍

一、健全相关法律法规实现农民工人格的平等

迅速完善相关法制，在确立城市农民工平等权益的同时，赋予城市农民工维权的法律手段与有效途径。一方面，中央与地方均需要对现行法律制度与政策规制进行全面检查，凡有违反平等、公正原则而损害城市农民工权益，以及阻碍城市农民工顺利融入工业化、城市化进程的规定，均应当尽快修订；另一方面，按照平等、公正、共享原则制定新的法律、法规和政策，如《劳动法》的重新修订，制定新的《劳动合同法》《劳动争议处理法》《就业促进法》等。此外，包括现行户籍政策、就业政策、收入分配政策、教育培训政策、公共卫生政策等均有调整的必要，如首先应规范用工，切实推进劳动合同制，为解决城市农民工问题奠定稳定的基石。在促进城市农民工与雇主签订劳动合同的同时，有必要强化工会的维权作用，积极推进集体劳动合同的签订。

平等就业权、劳动报酬权、生命健康或者职业安全权，是城市农民工最急切需要得到维护的基本权益，国家应当确保这些基本权益得到维护。坚持依法维护城市农民工的合法权益，创造进城农民工与城市居民正常交往、融洽相处的社会氛围。侵害城市农民工合法权益引发的社会矛盾，已成为影响社会稳定的一个突出问题。城市农民工已经成为中国社会转型时期出现的一个有别于农民和城市居民的最大的社会群体。他们已工作生活在城市，但却与农村有着亲属、土地和社会人际关系的联系；他们进入城市就业，但却处于城市社会中的边缘状态。城市农民工的这种特殊身份和地位，使得他们对城乡社会稳定有着特殊的影响。可以说，城市农民工合法权益的保护问题处理得好，国家的稳定就有了更加坚实的支撑。城市农民工能够在平等的基础上与城市居民正常交往、融洽相处，整个社会的和谐才有了更加牢固的基础。保障城市农民工合法权益是社会公正的体现，更是政府的基本职责所在。必须坚持依靠法律的强制力、约束力来维护城市农民工的合法权益。要在法律层面规范劳动关系，健全劳资纠纷协调机制。要强化各级工会的功能，提高城市农民工的组织化程度，引导和促进形成稳定和谐的劳资关系。要把城市农民工作为常住人口的一部分公平对待，取消各种损害其权益的规定，建立覆盖全体城市农民工的公共服务制度。要发挥社区的社会整合功能，将城市农民工组织起来，参与社区公共活动，促进其在平等基础上与城市居民正常交往、互信互助、相互融合。只有这样，才能从根本上消除城乡隔阂，缩短农民市民化的过程，减少身份转变过程中的痛苦，使中国的工业化、城镇化和现代化进程平稳顺利推进。坚持保障城市农民工的土地承包权，减小农民进城务工就业的风险，因为进城务工农民，大多处于"亦工亦农"状态。城市农民工在城镇就业还不稳定，保障他们的土地承包权，使他们不失去土地这一最基本的生活保障，在城乡之间进退有路，对保持农村乃至整个社会的稳定意义重大。城市农民工在城乡之间双向流动，不仅降低了农民进城的成本，而且有利于为城市提供更具弹性的劳动力供给，有利于防止在城市出现庞大的失业人群和有些国家出现的城市"贫民窟"，有利于分散快速城市化过程中的压力和风险。

二、推行户籍制度改革，消除对农民工的制度歧视

要打破现有的思维定势，不能再把城市农民工简单地等同于农民而将

其排斥在工业化、城市化进程之外，对其权益受损视而不见；不能视其为城市农民工自己的问题，而忽视政府与社会的责任；不能对农村土地的生活保障功能过高估计，忽略城市农民工群体的经济社会乃至政治权益；不能再强调财力不足，对城市农民工贫困问题继续漠视；更不能继续在制度安排与政策实践中，固守城市二元分割的思维模式。

户籍制度及其附加的不平等政策，使农民工的身份成为障碍，不断被迫往返于城乡之间。为了消除这种制度障碍，政府应当建立针对农民工的各项福利政策，保证农民工作为公民的正当权益。建立有序开放的、自由竞争的、城乡一体化的劳动力市场，促进城乡平等就业。构建就业信息发布和政策咨询等就业平台，帮助更多农民工实现就业意愿。消除城镇居民对外来打工者的主观歧视，转变传统观念，尊重新生代农民工，保障其合理合法权益，营造良好的人文生态环境。政府应该增加农民工参与各项社会活动的机会，培育农民工的主人公意识，拉近农民工与城市居民之间的距离，从观念上改变农民工们的弱势地位，消减农民工的精神贫困。

第三节　提高农民工的物质生活条件，增强其抗贫能力

一、制定生活保障措施，改善农民工生存条件

物质贫困是农民工多维贫困中的主要贫困。在衣食住行中，农民工最迫切需要改善的是住房等生活条件，为此，政府应该切实采取各种有效措施，利用各种优惠政策，多渠道为农民工提供廉租房等保障措施，积极改善农民工的居住和生活环境条件。在这方面，杭州以树立农民工"新杭州人"的形象，为解决农民工的生活条件等，做了切实的、有益的探索。有条件的地方可将进城务工的农民工住房纳入所在城市经济适用房供应范围，在逐步改善农民工居住条件的同时，加强农民工住房安全管理，提供符合国家建筑设计规范、消防标准、基本卫生条件、远离危险源和污染源的居住场所。

二、确保农民工收入稳步增长，消除拖欠工资现象

为保障农民工工资收入的稳步增长，政府应加大对农民工收入的干预力度，加强国家对企业工资的调控和指导，健全劳动力市场价格、计划工资指导线、行业劳动力成本信息等对工资的引导作用，督促企业承担社会责任，劳动力价格的制定适当向农民工倾斜，使其劳动报酬的增长与我国经济增长同步，与企业效益增长同步。杜绝克扣、拖欠农民工工资的行为。此外，政府部门要规范劳动力市场的雇佣关系，监督雇佣双方是否签订有效正规的劳动合同，并且接受农民工投诉和维权要求，以保障农民工的合法收益权益，在消减农民工的权利贫困中发挥作用。

第四节　完善社会保障制度，杜绝农民工返贫

一、构建多层次的社会保障体系，消除农民工的生产安全风险

即使农民工们能够享受社会保障政策，但由于社会保障政策缺乏强制性，所以用人单位与农民工都没有意愿执行社会保障工作。因此，政府应该改革现有的社会保障体系，强制规定用人单位必须为农民工办理社会保险，给长期在城镇工作的农民工完善其最低生活保障制度和失业保险制度，以及工伤保险、大病医疗保险、养老保险制度等，使其在出现交通事故、大病、意外伤害或生活拮据时，得到充分的保障。除此之外，有关部门应该加强对生产安全的监管力度，严格执行国家职业安全和劳动保护规定，定期开展安全生产大检查，以保障农民工工作时的安全性，并且提高农民工的安全意识，给农民工减轻经济和心理压力。

二、加大教育投入，提高农民工的技术实力

制定实施城市农民工国家培训计划，大力发展多层次、多形式的城市农民工职业技能培训。开放城市教育系统，尽快落实城市农民工的教育培训权，在努力促使城市农民工素质得到提升的同时，实现我国产业升级换

代并向新兴工业化快速迈进。在技能培训方面，输出地政府和输入地政府的责任并重，中央政府起到统筹、协调的作用，有专项转移支付补贴城市农民工输出地；在城市农民工输入地，不仅需要开放城市教育培训系统，推进专门针对城市农民工的教育培训工程，还应当强化规范城市农民工的劳动关系，努力实现城市农民工就业的稳定化，只有让城市农民工安居乐业，技能培训才能够得到实效。进一步提高农民工们的能力，提高其综合素质和竞争力，解决农村劳动力就业转移的瓶颈问题，从而从根本上改善农民工们由技术限制造成的工资低的经济现状。具体措施主要有以下几个方面：

一是统筹规划，明确各部门责任，形成促进城市农民工培训工作的合力。明确劳动和社会保障部作为城市农民工职业技能培训工作的综合协调部门，负责牵头制定城市农民工培训规划和计划，制定城市农民工培训补贴政策，具体负责城市农民工就业前的职业资格培训和鉴定工作，以及城市农民工在职培训工作的组织和指导；农业部、教育部、科技部、建设部、财政部、国务院扶贫办等部门按照各自职责统筹做好城市农民工培训工作。各地政府都要建立各部门协调配合的工作机制，共同搞好城市农民工培训的各项工作。

二是国家要制定城市农民工培训计划，分层次搞好城市农民工培训工作，坚持先培训，后就业。农民外出前的引导性培训主要靠中央和地方电视台开设专门频道，以及农村现有远程培训设施的开展，将农民进城务工的生活常识，以及城市就业信息直接送到农户。农民工外出前的短期实用技能培训主要靠社会各类培训机构，政府需给予一定的财力支持。积极探索新的培训方式，提高培训的针对性和实效性。城市农民工职业资格培训主要靠职业培训的优势资源，根据企业对技术工人的需求，进行比较规范的培训，并通过技能鉴定使城市农民工获得职业资格证书，争取较稳定的就业。政府可通过培训券、报销部分学费等多种方式给予补助。

三是要强化企业对城市农民工进行职业技能培训的责任。各地政府和行业主管部门要监督企业按照国家有关法律规定，提取和使用职业培训经费，根据本单位和城市农民工的实际需求，有计划地进行职业培训。首先选择建筑、煤炭等城市农民工集中的行业先行，强制组织多种形式的在岗培训，使职工达到国家规定的职业技能标准。对国家规定实行就业准入的工种，严格实行持证上岗制度。

四是大力推行国家职业资格证书制度。通过财政补贴降低城市农民工参加职业技能鉴定的压力，使参加培训的城市农民工经鉴定取得相应的职业资格证书。积极开发单项职业能力标准，开展单项职业能力鉴定，免费发放相应的单项职业能力证书，并与职业资格证书衔接贯通，推动城市农民工培训上档次、上水平。

五是依托社会力量，大力加强重点培训机构的实训设施建设，各级政府也要建设一批公共实训基地，为各类培训机构服务，从整体上提高培训的质量。

六是实行积极的财税金融政策。中央和地方财政要把城市农民工培训列入预算，加大支持力度，对承担公益性培训的民营培训机构实行减免税。对符合条件的公办、民办技校和其他培训机构，允许发放助学贷款。

三、提高健康意识，保证方便的就医环境

农民工普遍缺乏健康意识，以及获取健康知识的途径，政府可针对这一现象组织医务工作人员定期为农民们提供健康讲座。同时，政府应该监督用人单位对农民工进行定期的体检，以保障农民工的健康情况。此外，对于农民工看病就医困难的问题，当地的医疗卫生部门可以扩大社区医疗的网点和范围，使农民工看病就医更加方便便宜。企业也应定期实行公共卫生检查，保证其拥有健康的生活环境。

参 考 文 献

［1］ Alan de Brauw & Scott Rozelle. Reconciling the Returns to Education in Off – Farm Wage Employment in Rural China ［J］. 中国劳动经济学, 2009 (1).

［2］ Edgeworth F Y. Equal Pay to Men and Women for Equal Work ［J］. Economic Journal. 1922 (32).

［3］ Fawcett M. Equal Pay for Equal Work. Economic Journal. 1918, Vol. 28.

［4］ Mincer J. Schooling, Experience and Earnings, NBER ［M］. New York：Columbia University Press, 1974.

［5］［印］艾弗兹·阿里, 刘英译. 不平等和亚洲包容性增长的必要性 ［J］. 经济社会体制比较, 2011 (2)：10 – 19.

［6］ Daron Acemoglu, James A. Robinson. Why Nations Fail：Origins of Power, Poverty and Prosperity, 2012.

［7］ Ifzal Ali, Inequality and the Imperative for Inclusive Growth in Asia. Asian Development Review, 2007, 24 (2).

［8］ 王小林. 贫困测量理论与方法 ［M］. 北京：社会科学文献出版社, 2012：22.

［9］［印］阿马蒂亚·森. 以自有看待发展 ［M］. 北京：中国人民大学出版社, 2002：15.

［10］［印］阿马蒂亚·森. 贫困与饥荒 ［M］. 北京：商务印书馆, 2001.

［11］ 林毅夫. 以共享式增长促进社会和谐 ［M］. 北京：中国计划出版社, 2010：34.

［12］ 叶普万. 贫困经济学研究 ［M］. 北京：中国社会科学出版社, 2004.

［13］ 贺静. 西方经济学穷人和贫困问题研究及启示 ［M］. 北京：中

国社会科学出版社，2013.

［14］孔祥智，刘同山. 农村基本经营制度：理论评价与现实选择 ［J］. 政治经济学评论，2013（4）.

［15］陈享光. 农民的国民待遇问题研究 ［J］. 学习论坛，2008（8）：59.

［16］任保平. 包容性增长的特征及其后改革时代中国的实践取向 ［J］. 西北大学学报（哲学社会科学版），2011（2）.

［17］林兆木. 评对中国经济的高估 ［J］. 宏观经济研究，2010（9）：10.

［18］林娜. 多维视角下的农民工贫困问题研究 ［J］. 中共福建省委党校学报，2009（1）：51.

［19］李善同等. 农民工在城市的就业、收入与公共服务——城市贫困的视角 ［Z］. 新加坡国立大学东亚研究所：东亚论文，2008.

［20］林纯阳，蔡铨. 贫困含义的演进及贫困研究的层次论 ［J］. 经济问题，2004（10）：5－7.

［21］黄文平，卢新波. 贫困问题的经济学解释 ［J］. 上海经济研究，2002（8）：3－8.

［22］李强. 我国农村产业结构与就业结构的偏差与纠正 ［J］. 华南师范大学学报（社科版），1997：105－109.

［23］周尔鎏，张雨林. 城乡协调发展研究 ［M］. 南京：江苏人民出版，1991：19.

［24］马晓河. 改革开放以来我国工农业发展比例关系的演变 ［J］. 当代中国史研究，1996（1）.

［25］顾焕章，马晓河. 新世纪农业发展的战略思路与农业政策调整 ［J］. 江苏行政学院学报，2003（2）.

［26］陈争平. 新世纪农业现代化新路径探讨 ［J］. 理论与现代化，2012（6）：5－10.

［27］李景治，熊光清. 中国城市中农民工群体的社会排斥问题 ［J］. 江苏行政学院院报，2006（6）：61－66.

［28］朱信凯，陶怀颖. 农民工直接问卷调查情况分析 ［A］. 国务院研究室课题组. 中国农民工调研报告 ［C］. 北京：中国言实出版社，2006.

［29］范慧，费利群. 人力资本投资对中国劳动报酬比例的影响分析

［J］.中国人口·资源与环境，2012（9）.

［30］王德文，蔡昉，张国庆.农村迁移劳动力就业与工资决定：教育与培训的重要性［J］.经济学（季刊），2008（7）.

［31］张桂春，张琳琳.我国农村转移劳动力教育与培训研究的反思与重构［J］.辽宁师范大学学报（社会科学版），2008（3）.

［32］赵颖霞.女性农民工的就业困境及解决对策［J］.保定学院学报，2012，25（1）.

［33］罗忠勇.农民工教育投资的个人收益率研究——基于珠三角农民工的实证调查，2010（1）.

［34］谢勇.基于人力资本和社会资本视角的农民工就业境况研究——以南京市为例.

［35］宗成峰，李茜.农民工收入影响因素的计量分析——以北京市建筑业为例［J］.中国农业大学学报，2008，25（4）.

［36］侯丽莉.解决农民工贫困的途径研究［J］.财经界（中旬刊），2007（5）：19 – 20.

［37］郝自充.城镇贫困的成因和贫困救助政策的效果［D］.吉林大学硕士学位论文，2007.